萬金石相褒歌

～目次～

推薦序／在饒富文化的沃土上扎深根柢◎賴品妤（前立法委員）.......................008
推薦序／為推動褒歌文化喝采◎曾子良（國立台灣海洋大學海洋文化研究所教授）........009
推薦序／出版《萬金石相褒歌》，林金城老師為北台灣拼最後一塊褒歌拼圖◎鄭維棕
　　　　（汐止社區大學校長）...011
序／庶民文化的口傳文學◎許亮昇...013
序／開滿花蕊ê美麗花園◎林金城..015
凡例...017

金山區

1. 想欲佮娘挽仝欉◎賴黃鴛...018
2. 挽茶相褒◎賴黃鴛...020
3. 欲食好薰著薰包◎賴黃鴛...024
4. 竹筍仔大枝毋甘遏◎賴黃鴛...028
5. 李仔好食粒粒酸◎賴黃鴛...030
6. 八跤眠床掛竹算◎賴黃鴛...032
7. 無衫無褲通好換◎賴黃鴛...034
8. 兩條菜瓜平平參◎賴黃鴛...036
9. 竹筍浮塗目目尖◎賴黃鴛...038
10. 歲頭食甲八十四◎賴黃鴛..040
11. 阿君欲轉娘就送◎賴黃鴛..042
12. 想欲嫁翁較快活◎賴黃鴛..044
13. 驚某的人上狼狽◎賴黃鴛..048
14. 人嫁的翁咧行船◎賴黃鴛..050
15. 番薯大條生坦徛◎賴黃鴛..052
16. 膨風哥仔食豆餡◎賴黃鴛..054
17. 講甲予人招仙毋通◎賴黃鴛..058
18. 阿君欲好著僫心◎賴黃鴛..062
19. 阿君趁食落滬尾◎賴黃鴛..064

20. 灶空無柴燃抉著◎賴黃駕 068
21. 昨暝眠夢佮娘睏◎徐石金 070
22. 牛埔仔一隻新自動◎徐石金 072
23. 日頭落山倒髓嶺◎徐石金 074
24. 烏薰食牢項項會◎徐石金 076
25. 我娘若會先僥兄◎徐石金 078
26. 三股蕹菜種好好◎徐石金 080
27. 看人嫁翁就欲嫁◎徐石金 082
28. 稻仔佈落欓欓青◎徐石金 084
29. 手提壽金佮連炮◎徐石金 086
30. 月桃開花十外沿◎徐石金 088
31. 為娘掛吊感風懶◎徐石金 090
32. 佈田相褒◎徐石金 092
33. 近來的人遮奇巧◎徐石金 094

萬里區

34. 崁腳大坪開炭空◎郭童秀 096
35. 中幅仔有設流籠柱◎郭童秀 098
36. 挽茶查某柯鬼祭◎郭童秀 100
37. 雞公若啼好煮飯◎郭童秀 102
38. 大隻牛仔細條索◎郭童秀 104
39. 手攑蠔摔仔欲拌蠔◎蕭童吻 106
40. 茶仔幼幼罔來抾◎蕭童吻 108
41. 四盆牡丹竝四位◎蕭童吻 110
42. 作田阿君仔臭水管◎蕭童吻 112
43. 僥雄阿君轉去娶某◎蕭童吻 114
44. 欲來唸歌解心悶◎蕭童吻 116
45. 一欉好柴是石柳◎蕭童吻 118
46. 神明有興共伊下◎蕭童吻 120
47. 房間咒誓全無聖◎蕭童吻 122

48. 日本起山戴白帽◎蕭童吻 124

49. 腹肚一下㧎兩三陣◎蕭童吻 126

50. 號頭約佇竹篙叉◎蕭童吻 128

51. 一隻船仔頭尖尖◎蕭童吻 130

52. 烏薰食牢半暝後◎蕭童吻 132

53. 野柳風光◎蕭童吻 134

54. 香果好食搖玲瓏◎李林清香 142

55. 叫我唸歌我都袂◎鄭美 144

56. 火車起行吱吱叫◎鄭美 146

57. 後溝一欉相思樹◎鄭美 148

58. 大樹大欉好蔭蔭◎鄭美 150

59. 兩人相約甘蔗溝◎張林阿玉 152

60. 含笑開花含露水◎張林阿玉 154

61. 芋葉滴水像真珠◎張林阿玉 156

62. 韭菜開花直溜溜◎張林阿玉 158

63. 水錦開花白猜猜◎李許圍 160

64. 紅柿好食著控蒂◎李許圍 162

65. 紅菜煮湯紅熇熇◎李許圍 164

66. 紅柑好食著擘瓣◎李許圍 166

67. 號頭在約竹林底◎李許圍 168

石門區

68. 號頭約在竹篙頂◎江清琴 170

69. 第一歹命就是娘◎江清琴 174

70. 阿兄生媌十八歲◎江清琴 176

71. 天頂落雨粒粒墜◎江清琴 178

72. 鱸鰻柴耙相褒◎江清琴 180

73. 兩枝竹仔平平懸◎江清琴 182

74. 講甲歹命喉就滇◎江清琴 184

75. 我娘在蹛咧平洋◎江清琴 186

推薦序╱在饒富文化的沃土上扎深根柢

◎賴品妤（前立法委員）

  我過去擔任立法委員期間，為不負選民的託付與期許，除選區地方服務、爭取地方交通基礎建設外，亦於教育文化委員會內為相關政策提案、質詢及修法。理由無他，教育與文化攸關這片土地的未來興衰，卻往往因為難具備立竿見影的成效和斑斑可見的實體而被忽視，殊屬遺憾。

  所幸民間有識有志者多矣。甫榮獲教育部頒贈「113年本土語言傑出貢獻獎」的汐止社區大學林金城老師，三十餘年來致力於北部相褒歌的採集保存、整理研究，各地鄉鎮市區的褒歌著作等身。此次老師再次攜手淵學博識、才思敏捷，備受各方稱譽的金山高中資深教師許亮昇老師協同纂輯多年來於萬里、金山、石門等地區采錄的相褒歌謠，精挑其中深具地方風情、歷史縱深或文學性豐饒、或題裁別具興味乃至敘述手法諧趣等特色的代表作品，詳加標音、注解、釋義與賞析，更將每一首褒歌的原音和影音剪輯上傳至網路上供閱聽者聆賞，輯為《萬金石相褒歌》一冊，不僅「工程」繁浩且深具教育文化意義。職是之故，我得知此書的出版計劃，即積極爭取文化部予以出版補助獎勵，略盡棉薄之餘更深感與有榮焉。

  日前欣逢《萬金石相褒歌》一書即將付梓，林金城君相邀作序，予以嘉許祝福外也深自惕勵，讓每一位台灣人能在饒富文化的沃土上扎深根柢。共勉之，茲為序。

推薦序／為推動褒歌文化喝采

◎曾子良（國立台灣海洋大學海洋文化研究所教授）

　　褒歌，或稱相褒歌。「褒」的本意是褒獎、讚美，以「四句連」的形式做基礎，抒發男女心聲，消愁解悶，是一種語言藝術。由於它流傳於茶園地區，可以獨唱，也可以男女對唱，所以又稱採茶歌、採茶褒歌、挽茶相褒。不過，原本是茶園採茶時傳唱，但久而久之，民間生活種種亦都成為體材。更由於對唱，彼此不甘示弱，常有互相數落，甚至咒罵對方的情形，但大多是戲謔，仍然不失溫柔敦厚的本質。

　　金城兄這本即將出版的《萬金石相褒歌》，是繼《金山相褒歌》、《平溪相褒歌》、《雙溪相褒歌》、《桃園个褒歌》、《坪林相褒歌》、《台灣風雅》、以至於《石碇相褒歌》《三峽相褒歌》……等十九本「褒歌」後出版的新書。他採集的時間自 2002 年至 2024 年；地點是萬里、金山與石門地區。在曲調上，與之前的褒歌集類似，內容也不限於採茶，或挖礦，或佈田，或種地瓜，但卻能隨地生發，順口合韻，有如天籟，是萬里、金山、石門地區庶民百姓實際生活的寫照。

　　以〈34 崁腳大坪開炭空〉為例：崁腳大坪開炭空，有做流籠透雞籠；雞籠閣去牛稠港，起水落水溫州人。

　　這首褒歌告訴我們：萬里的「崁腳」和「大坪」地方挖的煤礦，靠「流籠」運送到雞籠；流籠頭設在「牛稠港」，再運送到六號碼頭，在碼頭挑煤起卸的都是來自浙江溫州的工人。

　　另外〈35 中幅仔有設流籠柱〉：中幅仔有設流籠柱，索仔一片被一條；人人呵咾日本巧，無跤會行上孽潲。

　　這首褒歌進一步告訴我們：「流籠」是利用高低位差，在陡峭的山間或溪谷架設堅固的柱子，再利用繩索來回輸送貨物，特別是煤礦。對於日本人這種「運輸工具」台灣人佩服之餘，又禁不住加上一句「孽潲」，嘲笑他們有如惡作劇。

　　以上這二首褒歌，記錄了四、五十年代萬里地區開採煤礦的歷史，如今「流籠」的功能被貨車取代，牛稠港（漳州人稱河流為港）附近也沒有人養牛，早已被日本人建設為海軍碼頭；部分溫州人還在，但他們不再挑煤，早晚卻守著楊府廟，讓基隆文化顯得更加多元。

基隆社區大學「台語文化社」自民國 89（2000）年成立後，經常帶領學員認識、搜集本土語言文化資料，編撰國小本土語言文化教材，利用跨領域學習，推動本土文化活動；其中採集、教唱褒歌，傳承採茶文化即是其中重要的一環。如民國 94（2005）年出版的《基隆市民間文學采集（三）》即邀請王銀梓、林卻與傅鄭桃女士等訪談、整理了六十六首褒歌。並且在期末成果展覽時師生組隊上台表演；蔡校長就任後，對本社推廣褒歌極為肯定，民國 112（2023）年推薦本社參加教育部舉辦的「本土文化教育研討會」，在活動現場表演，獲得現場觀眾與教育部潘文忠部長一致的讚賞，林金城與沉明達先生就是當時褒歌對唱的主角。

　　基隆地區，包括日治時期的金（今萬里、金山）雞（今基隆市區）貂（今三貂嶺、雙溪、貢寮）石（今石碇、汐止一部分）。在這個大生活圈中，石碇、坪林、暖暖的居民以泉州人為主，至於萬里、金山、石門、外木山、基隆市區，則以漳州人為多。林先生深諳泉州腔，對漳泉腔調變化，頗有心得；所以這本褒歌集，不但記錄了基隆地區的民情風俗，也可供語言教學之參考。

　　最後，一定要提的，金城兄開設早餐店維持家計，已經夠忙碌了，卻能利用工作之餘，夫妻共同投入褒歌文化的搜集與整理，作品等身，令人敬佩，同時也在汐止社大及石碇老人會開課推廣相褒歌，今年（113 年）獲頒教育部「推展本土語言傑出貢獻獎」，可以說是實至名歸。今天又看到他的新書即將出版；做為「台語文化社」的一員，真的替他感到高興，並且願藉此與大家共勉！

曾子良
2024 年 6 月

推薦序／出版《萬金石相褒歌》，林金城老師為北台灣拼最後一塊褒歌拼圖

◎鄭維棕（汐止社區大學校長）

　　汐止社區大學褒歌課程講師林金城，近三十年來長期致力民間褒歌收集、研究與出版，推展本土語言及文化不遺餘力，榮獲「113年教育部推展本土語言傑出貢獻獎」殊榮。獲獎的林金城老師，不僅實至名歸，其努力保存和推動台灣在地最真實的民間文學精神，更令人感佩。

　　2023年春，林金城老師受汐止社大的邀請，特別在汐止社大開設了「趣味ê台語，對相褒歌來講起」課程。課程中金城老師帶領學員實地踏查地方耆老，直接帶領學員深入民間，親自體驗這些耆老現場演唱褒歌，讓學員親自感受來自台灣鄉野的相褒歌，透過耆老一手的吟唱，深層融入台灣地方文化之美及多元且豐富生命的體驗。

　　2023年9月秋季班，更在金山開設「萬金石褒歌（民間文學）」課程，帶領學員收集與訪問萬金石地區褒歌耆老，記錄珍貴的北海岸在地故事。從汐止到萬金石，風塵僕僕，冬天時北海岸多雨，東北季風冷冽，林金城老師不畏風雨辛苦，帶領學員學習研讀許多採自北海岸第一手珍貴褒歌。而學員也同樣好學不倦，不管風雨多大，大家都熱烈參與研讀與採集，師生一起孜孜矻矻為台灣文化效力。使得汐止社大這個課程不僅是課程，在林金城老師的帶領下，大家一條心，將課程轉化為踏查、採集、研讀、編輯和出版，師生群策群力，一起完成一個艱鉅及非常有意義的工作。

　　林金城老師從2003年以來已經先後出版了《金山相褒歌》、《平溪相褒歌》、《桃園个褒歌》、《雙溪相褒歌》、《坪林相褒歌》、《台灣風雅》、《石碇相褒歌》、《龜山鄉閩南語歌謠（二、三、四、五）》、《八德市閩南語歌謠（一、二、三、四）》、《曲悅雅集 茶歌相褒》、《三峽相褒歌》等十九本褒歌集，加上汐止社區大學這本《萬金石相褒歌》共二十本。這樣宏偉的成績，讓人望塵莫及，實在令人敬佩。

　　編採過程，資源寡窳，需要靠自己一面賣早餐辛苦營生和養育兒女。幸好有賢內助郭秀芬姐全力支持，辛苦持家，讓他可以每天早餐收攤後，上山下海到處探訪耆老踏查蒐集。也因為編採用功過度，造成2020年視網膜剝離，視力嚴重受損。然而即使如此，金城老師依舊念茲在茲，傾全力蒐集這些民間文學，持續為保存這些珍貴台灣文化，不敢稍歇！

汐止社大非常榮幸可以參與和協助這項出版工作。也感謝金城老師為珍貴的萬金石北海岸民間文學留下這個非常珍貴且難得的文化資產。另外，這個課程能夠順利進行，也要感謝一路從旁支持協助的新北市金山高中許亮昇老師，他也是林金城老師採集出版褒歌長期的戰友，二十多年來投入褒歌編採一樣令人感動。最後，也要感謝立委賴品妤協助爭取文化部出版經費補助，讓這本書有機會面世。

序／庶民文化的口傳文學

◎許亮昇

　　相褒之於台灣，意義深遠，可寶可貴者多矣。

　　汐止昊天嶺林金城君二、三十年來幾乎憑藉一己之力黽勉奔波孜孜矻矻於台灣北部相褒歌的采集記錄、整理出版和研究推廣，讓近年來認識相褒歌重要性的國人與日俱增，林君居功厥碩，日前甫榮膺教育部頒「113年本土語言傑出貢獻獎」，實至名歸謂之尚不足稱譽其於萬一。筆者任教於新北市金山高中有年，二十餘年前即曾與林君協力出版《金山相褒歌》一書，嗣後林君陸續出版桃園、坪林、雙溪、平溪、石碇等幾乎涵括台灣北部地區的相褒歌集多達近二十本，就中本人也有幸再度和林君攜手合作完成《石碇相褒歌》、《三峽相褒歌》的纂輯。近年更與林君陸續率隊採集、整理增補鄰近金山的石門、萬里等地多位耆宿所褒唱深具地方風情特色的謠唸，同樣加以標音、注解、釋義、賞析，輯為北海岸《萬金石相褒歌》一冊，並剪輯部分褒唱者的原音原唱影音紀錄於 YouTube 等媒體上以饗國人。

　　本書纂編成冊得能出版，除了集眾人的努力之外，更感佩前立委賴品妤鼎力襄贊，獲致文化部補助。可以說為台灣北部相褒歌的完整樣貌，增添一塊重要且可能是最後一塊拼圖。

　　北部相褒歌的流傳與台灣茶業的發展息息相關，由坪林、石碇等泉腔地區漸次拓往周邊新店、三峽，同時及於鄰近的金山、萬里、雙溪和更遠處宜蘭、桃園等漳腔或漳泉腔混同一帶。《萬金石相褒歌》裡褒唱者可以說保存了迄今最古老的漳腔閩南語，在方言學上價值不菲。

　　相褒歌是素樸的民歌型態及旋律，也是其他閩南、台灣民謠的前身，直接影響了「唸歌仔」、「歌仔戲」的發展。同時也是庶民文化的一部分，其傳唱者大抵未受教育或僅能識字，惟其奠基於素樸的生活經驗，語言活潑、情感直率、詞語豐趣，不假雕琢渾然天成的表現反映在文學技巧上令人驚豔，是民間口傳文學的一部分，更是現代台語文學發展的重要根柢和沃土。

　　筆者不學才疏，見陋識淺，率多於褒歌文本的脈絡裡尋繹析賞、閉門揣想，宜有貽笑於讀者諸君，幸能一粲同樂，謬誤之處也請十方不吝賜教。

此書的出版如能讓社會大眾對幾已成為絕響的相褒歌多一些認識與珍視，或對台灣語言、歷史、文化能以某種形式守護、承續，更是吾人初衷，樂莫大焉。茲為序。

許亮昇
2024.04.11 于金山

序／開滿花蕊 ê 美麗花園

◎林金城

　　2003 年，昊天嶺文史工作室出版新北市頭一本褒歌集《金山相褒歌》，2024 年，工作室團隊歡喜來迎接阮 ê 第 20 本褒歌集《萬金石相褒歌》ê 誕生。將近三十年 ê 採錄過程當中，阮拄著足濟貴人，所有 ê 困難攏順利解決，「相褒歌」嘛沓沓仔有較濟人咧關心，連國家考試都將「相褒歌」入試題，2022 年教育部台語認證考試、2023 年台北市國小教師甄試、2023 年台北市國中教師甄試，連 2024 年大學學測嘛採用咱《石碇相褒歌》ê 內容，每一个關心台灣文化 ê 有志攏足歡喜 ê。

　　咱遮拚勢嘛有功勞，2023 年 10 月 18 新北市文化局登錄「相褒歌」為新北市口述傳統，相關 ê 保存 kah 傳習計畫當咧規劃，向望相褒歌 ê 火種因為有公部門 ê 出力會當傳湠落去。

　　2023 年汐止社大鄭維棕校長邀請我開設「萬金石褒歌（民間文學）」課程，彼陣就設定出版《萬金石相褒歌》做咱 ê 期末成果，經過一年外，咱踮萬里瑪鍊採訪著賴清德總統 ê 表姊郭童秀女士，伊唸 ê 褒歌〈34 崁腳大坪開炭空〉、〈35 中幅仔有設流籠柱〉見證萬里 ê 礦業史，萬里野柳 ê 蕭童吻女士 ê〈野柳風光〉介紹野柳地質公園內底各種 ê 奇石，對促進地方觀光產業，學生囡仔認捌家己故鄉 ê 物產攏會當是真好 ê 參考資料。

　　北海岸相褒第一高手賴黃鴛女士毋但聲好聽，數量嘛上濟。予人真數念 ê 徐石金先生唸 ê 歌上趣味，咱 uì 伊唸 ê 歌，了解以前 ê 人對婚姻制度 ê 看法。石門阿水嬸江清琴女士毋捌去學校讀過書，家己學甲規本 ê 佛經、歌仔冊每一字攏會曉讀，是一位予人欽佩 ê 長輩。萬里大埔李林清香、鄭美、張林阿玉、李許圍這幾位長輩，攏真認真咧學唸相褒歌，好學 ê 精神予咱真感動。

　　萬金石在來 ê 腔口是真純 ê 漳海腔，毋過現此時台語普通腔 ê 勢力真強，若準無即時介入保護在地腔口，恐驚 inn 閣免偌久就失傳矣，咱記錄 ê 褒歌同時嘛咧記錄語言，比論講「歇（heh）」、「煮（tsí）」、「問（muī）」、「褪（thuìnn）」、「大家（tuā-ke，婆婆）」、「大官（tuā-kuann，公公）」等等，予在地 ê 學生學倒轉來，多元腔口 ê 母語教育逐家做陣予伊實現！

　　天公疼戇人，舊年個人得著信義房屋「2023 年全民社造行動計畫」楷

模獎,今年有汐止社大 ê 推薦,閣得著教育部〈113 年推展本土語言傑出貢獻獎〉個人獎,逐家無相棄嫌鬥相伨,咱才有動力通繼續拚落去!

感謝立法院賴品妤委員替咱爭取文化部 ê 補助,予這本書有法度通出世,汐止社大鄭維棕校長所率領 ê 團隊,提供咱孕育這本書 ê 環境,許亮昇老師撰寫賞析,學員林麗美、陳秀媛、何錦莊、朱建財、金海雲、許慧盈、吳梅禔熱心提供場所閣配合公民週表演,廖淑鳳老師來共咱校對,向望《萬金石相褒歌》ê 出版,會當鼓舞關心母語 ê 有志,緊來記錄各所在 ê 民間文學,予咱台灣各地 ê 民間文學攏成做開滿花蕊 ê 美麗花園。

林金城　謹識
2024.5.6 於昊天嶺

林金城榮獲教育部「113 年推展本土語言傑出貢獻獎」
教育部潘文忠部長親自頒獎 (教育部提供)

凡例

1. 本集之成，係由新北市萬里、金山、石門區唸唱者唸唱，採錄者採錄後由整理者加以記音、撰成台語文字稿，再將其中有音、義不明之處加以審訂、注解，並釋義、賞析。
2. 本集係選集，其選錄原則以能反映新北市萬金石地區今昔風土民情、特色，詞意雅馴之歌謠居先，不另行依主題或類型分類。
3. 一篇中摘首句七字以為篇目，下標注講述者、採錄時間、地點及整理、釋義、賞析者於本文之前。本文逐句於上標記臺羅拼音。本文後依次為注解、釋義、賞析。
4. 本集字詞、難字之寫定，主要係參考：
   （1）教育部《台灣閩南語常用詞辭典》網路版。
   （2）小川尚義編，《臺日大辭典》，台灣總督府1932年3月版。
   （3）陳修主編，《台灣話大詞典》，遠流出版公司，2000年修訂新版。
5. 本集漢字遵照《台灣閩南語常用詞辭典》建議用字，部分用字電腦無法顯示或無適當漢字，改標臺羅。無實質意義的襯字不標示。
6. 本集記音係採教育部公告《台灣閩南語羅馬字拼音方案》，簡稱為「臺羅」，網址如下：https://ws.moe.edu.tw/001/Upload/FileUpload/3677-15601/Documents/tshiutsheh.pdf
7. 本集依所選錄褒歌，耆老唱唸之影片（部分為聲音），請掃描QRcode連結至YouTube觀賞。

1. 想欲佮娘挽仝欉

唸唱者：賴黃駕（女，79 歲）
時間：2014.4.23
整理者：林金城

採錄者：林金城、郭秀芬
地點：金山（半嶺）
釋義、賞析：許亮昇

Siūnn-bueh kah niû bán kāng tsâng
男：想欲佮娘挽仝欉
Muī niû lí sī thang m̄-thang
問娘你是通毋通
Ū uē siūnn-bueh kā lí káng
有話想欲共你講
Phīnn-tio̍h kuānn-sng mā khin-sang
鼻著汗酸嘛輕鬆

Guá-niû-á sin-khu tshàu-kuānn-bī
女：我娘仔身軀臭汗味
Sì-niú-uínn-á guán ū tî
四兩銳仔阮有除
Sim-kuann ná siūnn ná iàn-khì
心肝那想那厭氣
M̄ kánn kiânn kun sin-khu-pinn
毋敢行君身軀邊

【注解】
- 仝欉：同一棵樹。
- 通：可以。
- 鼻：音 phīnn，聞氣味。
- 四兩銳仔：桿秤承裝物品的容器，重量約四兩。使用桿秤秤重時，應先扣除銳仔的重量四兩，才是物品的淨重。
- 厭氣：形容人怨嘆、不平的情緒。

【釋義】

男：想要與妳採同棵
未知姑娘肯不肯
有話想要跟妳講
聞到汗臭也輕鬆

女：姑娘滿身汗臭味
秤盤四兩咱扣減
心裡愈想愈怨歎
不敢走近郎身邊

【賞析】

　　想像青翠碧綠起伏旖旎的茶山，採茶時節點綴其間採茶姑娘身背茶簍辛勤採摘茶葉的畫面，除了視覺上賞心悅目，那些青春綺年的採茶姑娘想必對一眾「登徒子」有著難以言喻的致命吸引力。

　　褒歌首句男子便開門見山「想欲佮娘挽仝欉」表明心意，然後禮貌性地探問可否？接著又說有些話想對採茶女子訴說，二、三句自然讓人想起台語名曲〈四季紅〉裡各章節疊現的句子：「有話想欲對你講，毋知通抑毋通？」

　　所謂醉翁之意不在酒，男子當然只是借著幫忙採茶的機會靠近女子，表明愛意，所以末句俏皮甚至肉麻地補了句「鼻著汗酸嘛輕鬆」。

　　女子承著男子相褒的尾句當成酬答的首句，只有文字稍事修改。第二句「四兩鈗仔阮有除」引用俗語，說自知自己的斤兩，結論就是「毋敢行君身軀邊」，委婉地拒絕男子的請求。第三句「心肝那想那厭氣」則更讓被拒絕的人不至於太難堪，女子意謂自己只能怨歎歹命。

　　這首褒歌一唱一答，語言直樸卻蘊藉，兩人心思映襯又不失調皮，很典型地呈現昔日茶園男女互動相褒的場景，值得想要研究或理解相褒歌的人細細品味。

賴黃駕女士和採錄者郭秀芬（2014 林金城攝）

2. 挽茶相褒

唸唱者：賴黃鴛（女，88歲）　　　　採錄者：鄭維棕、林金城
時間：2023.4.25　　　　　　　　　　地點：金山（美田）
整理者：林金城　　　　　　　　　　釋義、賞析：許亮昇

Tsit pîng khuànn-kuè hit pîng khe
男：這爿看過彼爿溪
Khuànn-lo̍h a-niû tih bán-tê
看著阿娘咧挽茶
Tsi̍t-ji̍t tsē bán bô guā-tsē
一日一下挽無偌濟
Puânn-suann-kuè-niá lo̍k phuà ê
盤山過嶺漉破鞋

Tshiú kuānn tê-khah la̍k-kak-liām
女：手捾茶籃六角捻
Lâi-khì tê-suann bán tê-tshiam
來去茶山挽茶簽
Tê-á iù-iù kan-khóo liàm
茶仔幼幼艱苦捻
Liàm kah tang-sî tsi̍t khah tsiam
捻甲當時一籃尖

A-niû senn-tsò hó thé-keh
男：阿娘生做好體格
Ā beh tshut-lâi kā-ng bán-tê
也欲出來共人挽茶
Ài tsînn lâi kā ko-á the̍h
愛錢來共哥仔提
Tshuē ko the̍h tsînn ko bô the
揣哥提錢哥無推

Tsînn-gîn nā-beh hōo niû īng
女：錢銀若欲予娘用
To-siā a-kun hó kám-tsîng
多謝阿君好感情
Guá niû sin-pinn ū uá-phīng
我娘身邊有倚並
Bán-tê thâu-lōo pàng hōo ling
挽茶頭路放予冗

Tê-á bán liáu bueh lo̍h-niá
男：茶仔挽了欲落嶺
A-kun khan niû sūn-sūn kiânn
阿君牽娘順順行
Lí nā-beh hōo guá tsò bóo-kiánn
你若欲予我做某囝
Guá tê-khah phāinn tih kha-tsiah-phiann
我茶籗揹咧尻脊骿

Lí nā-beh hōo guá tsò ang-sài
女：你若欲予我做翁婿
Guán tshù pē-bú iá m̄ tsai
阮厝爸母猶毋知
Lí lo̍h kiò lâng mn̄g khuànn-bāi
你著叫人問看覓
Tán tshun-tê bán hó tsiah an-pâi
等春茶挽好才安排

【注解】
- 唸唱者按：這一段相褒歌是大約 2005 年左右和徐石金先生在金山中山堂表演所唱。
- 咧：音 tih，tī-leh 的合音。
- 一下：音 tsē，tsit-ē 的合音。
- 無偌濟：沒多少。

- 淭破鞋：鞋子因穿脫踩踏而磨損。
- 茶籠：茶簍。
- 六角捻：指茶簍有六個銳角。
- 推：推辭、推拖。
- 倚並：倚靠。
- 冗：音 ling，鬆動。這個字音 ling，現在多說 līng，台日典字作「寬」。
- 落嶺：下坡。
- 尻脊骿：背脊、背部。
- 猶毋知：還不知道。
- 問看覓：問看看。

【釋義】
男：這邊看過那邊溪
看見姑娘正採茶
一天採著沒多少
翻山越嶺跛破鞋

女：手提茶籠六角尖
來去茶山採茶簽
茶葉嫩嫩辛苦捻
捻到何時一籠尖

男：姑娘生得好體態
也得出來幫人採
要錢來跟哥我拿
找哥要錢無推辭

女：錢銀若要給我用
多謝郎君好情意
姑娘身邊有倚靠
採茶工作放輕鬆

男：茶葉採罷要下山

我來牽妳徐徐行
妳若給我當妻子
茶籠我揹在背後

女：若要給我當夫婿
咱家爹娘尚不知
你得央人問問看
春茶採罷才安排

茶簍

【賞析】

　　這裡採錄的褒歌有六個章節，由男女「相褒」一唱一答，敘事的脈絡鋪展相當清晰完整。由於最初兩位相褒的歌者都是深諳褒歌的耆老，雖然是應邀表演，很能重現昔時茶園相褒的真實景況，允為相褒歌的經典唱作。

　　一如往常，搭話是由男子率先「發難」，「這爿看過彼爿溪，看著阿娘咧挽茶」是常見的套句，三、四句的「一日一下挽無偌濟，盤山過嶺漉破鞋」，則表現出對女子辛苦採茶又所得菲薄的同情與不捨。

　　第二段女子回應同樣的話題，自道採茶的艱辛。具體內容我們可以參照類似主題的褒歌，茲不細訴。見女子有回應，男子便更大膽了些，直接讚美女子好身材，卻得辛苦採茶賺那點微薄的酬勞，真是太可惜了，我見猶憐。然後就出一張嘴，誇說需要錢但說一聲，哥我是絕計不會推辭的。

　　果然有錢能使鬼推磨，銀彈攻勢還是經常奏效的。這裡女子顯然沒有拒絕，反倒認為自己身邊如果有了依靠，那就可以「挽茶頭路放予冗」，可以輕鬆些許。

　　五、六兩段可以視作故事的尾曲，茶葉採罷收工下山，兩人情感已然發展到可以手牽手的階段了。男子在第三句直接道明了想要娶女子為妻的願望，末句「我茶籠揹咧尻脊骿」體貼女子，擄獲芳心，也增添了畫面的趣味效果。

　　舊社會私訂終身當然是不被認可的，女子的回覆很符合「風俗正確」，表示一切還得按規矩，央媒人來家裡提親事，父母首肯才好。末句「等春茶挽好才安排」也把女子自己的心迹表露無遺，算是歡喜收場。對比參照上一首男子碰了個軟釘子的下場，讀來更是興味橫生。

3. 欲食好薰著薰包

唸唱者：賴黃鴛（女，66歲）　　　　　採錄者：林金城、朱金城
時間：2001.10.24　　地點：金山（美田）
整理者：林金城　　釋義、賞析：許亮昇

Bueh tsiáh hó-hun tióh hun-pau
欲食好薰著薰包
Bueh tsiáh hó-tsiú tióh tsiú-lâu
欲食好酒著酒樓
Thàn nā ū tsînn tshuā ke-āu
趁若有錢娶家後
Pát-lâng ê bóo-kiánn bô thàu-lâu
別人的某囝無透流

Bueh tsiáh hó-hun tióh hun-ki
欲食好薰著薰枝
Bueh tsiáh hó-tsiú bỏk-iân-tî
欲食好酒莫延遲
A-kun ū tsînn tỏh kiàn-tì
阿君有錢著建置
Pát-lâng bóo-kiánn bô-liáu-sî
別人某囝無了時

Bueh tsiáh hó-hun tỏh Hu-tó
欲食好薰著敷島
Bueh tsiáh hó-tsiú tióh phô-tô
欲食好酒著葡萄
Thàn nā ū tsînn tióh tshuā só
趁若有錢著娶嫂
Pát-lâng ê bóo-kiánn bô nāi-hô
別人的某囝無奈何

【注解】
- 薰：香菸。
- 家後：妻子、太太。
- 某囝：妻兒、妻小。妻子和兒女。有時單指妻子。
- 透流：從一而終、有始有終。
- 莫延遲：別遲疑，又諧音雙關「Brandy」，即「白蘭地」。
- 建置：成家立業。
- 無了時：白費時間，永無終止。
- 敷島：しきしま高級香菸。
- 娶嫂：嫂是對唱的女方，非指兄嫂，或許是為了押韻，褒歌的女方稱娘、嫂交互使用，並不罕見。娶嫂即娶妻。
- 無奈何：無可奈何、不得已。

【釋義】
要抽好菸得盒菸
要喝好酒上酒樓
有賺到錢娶老婆
別人妻子難久長

要抽好菸得菸枝
要喝好酒白蘭地
郎君有錢立家業
別人妻子沒結局

要抽好菸得敷島
要喝好酒得葡萄
如有賺錢得娶妻
別人老婆無奈何

【賞析】
　　這首褒歌一唱三疊，主題相同，手法一致，可一併賞析。
　　起首兩句運用比興，句式則是排比兼類疊，內容看似與主題無關，卻有一種比較的效果，暗示了主題裡提到的選項優劣。「欲食好薰著薰包」

及二、三段的薰枝、敷島，反映了褒歌的時代背景，「敷島」顯然是日本菸的品牌，菸盒包裝裡一枝枝的捲菸映襯的是當時一定也有散裝或其他的吸食方式。

次句類疊、排比，寫喝酒。上酒樓喝葡萄美酒白蘭地，相較於私釀的舊醅濁醪，那當然不可以道里計。一、二兩句都有比較的意思，暗示了什麼才是最佳選項，也為接下來的主題做鋪排。其中台語用「莫延遲」音譯「白蘭地」酒，也算是一絕，從字面上看頗有勸人「今朝有酒今朝醉」的況味。

各章的三、四句簡潔道出主題，就是勸男子要努力工作賺錢，然後好好成家立業才是正途；勸戒男子莫勾搭他人妻室，圖一時之歡敗壞人倫，終非長久之計。

賴黃鴛女士（2023 攝於金山，汐止社大提供）

4. 竹筍仔大枝毋甘遏

唸唱者：賴黃鴛（女，66歲）
時間：2001.10.24
整理者：林金城

採錄者：林金城、朱金城
地點：金山（美田）
釋義、賞析：許亮昇

Tik-sún-á tuā ki m̄-kam at
竹筍仔大枝毋甘遏
Lâu lih khui-le khah ba̍t-tsa̍t
留咧開絡較密實
Bô lâng khui-phuà lóng m̄ bat
無人開破攏毋捌
Guā-tsng ko-á khah hiông tsha̍t
外庄哥仔較雄賊

【注解】
- 毋甘：捨不得。
- 遏：折。雙手在使力的狀態下將物品弄斷成兩半。
- 開絡：開枝散葉。保留部分竹筍不食用，以長大成竹。
- 開破：解釋。用言語啟發他人，使人悟出道理或訣竅。
- 毋捌：不懂。
- 外庄：外地。
- 雄：殘忍的、兇狠的。

【釋義】
竹筍大枝不捨折
留待開展較密實
無人開示你不懂
外地男人狠過賊

【賞析】

　　舊時代社會資訊閉塞、交通不便,「外庄哥仔」簡直就是「來路不明」的同義詞,這首褒歌的唸唱者以智者自居,諄諄開釋告誡聽者,用「雄過賊」簡單三個字論斷了這些外地來的男子,某種程度也反映了昔日閉塞環境下的社會風俗。

　　褒歌以入聲協韻,聲情上斬釘截鐵、鏗鏘有力,讓句尾的「賊」字更令人駭目動心,結論是「外庄哥仔比賊『較雄』」,那就更顯得有說服力了。

　　首二句「竹筍仔大枝毋甘遏,留咧開絡較密實」,以農事入歌,語言道地且流暢,很能展現褒唱者的功力不比一般。這一類的褒歌對台語的教學上,更是極佳的教材,很值得推廣。

賴黃鴛女士和汐止社大鄭維棕校長 (20230425 林金城攝)

5. 李仔好食粒粒酸

唸唱者：賴黃鴛（女，66歲）
時間：2001.10.24
整理者：林金城

採錄者：林金城、朱金城
地點：金山（美田）
釋義、賞析：許亮昇

Lí-á hó-tsiah liap-liap sng
李仔好食粒粒酸
Pat-á hó-tsiah ki-bué n̂g
菝仔好食枝尾黃
Guā-tsng kun-á m̄-thang ǹg
外庄君仔毋通向
Puànn-lōo kau-kuan bô kú-tn̂g
半路交關無久長

【注解】
• 菝仔：番石榴、芭樂。
• 向：期望。
• 交關：光顧、購買。

【釋義】
李子好吃粒粒酸
芭樂好吃枝尾黃
外地男人不可靠
半路交往不久長

【賞析】
　　和前一首同樣的主題，都是告誡人外地來的男子不值得信賴，三、四句「外庄君仔毋通向，半路交關無久長」聽起來更像褒歌唱者的經驗之談，敘事風格上迥異前一首「外庄哥仔較雄賊」那種一鎚定音的鐵口直斷。
　　起首的兩句以排比兼類疊的句式寫李子、番石榴的特性，是常用的民

歌手法,這裡看不出歌唱者主觀上有明顯的隱喻意圖,當然「粒粒酸」、「枝尾黃」可以聯想到被拋棄人老珠黃、追憶往事心中湧現的無限酸楚,這又是另一種詮釋問題了。

賴黃鴛和本書主編林金城（2014 郭秀芬攝）

6. 八跤眠床掛竹箅

唱唸者：賴黃鴦（女，66歲）
時間：2001.10.24
整理者：林金城

採錄者：林金城、朱金城
地點：金山（美田）
釋義、賞析：許亮昇

Peh-kha-bîn-tshn̂g kuà tik-pín
八跤眠床掛竹箅
Tsi̍t-niá mî-phuē kiâm-tshài-in
一領棉被鹹菜綑
Guán-tshù tiōng-hu put tsiáng-tsìn
阮厝丈夫不長進
Tsiah tio̍h khuànn ko gê thâu-bīn
才著看哥的頭面

【注解】
- 眠床：床鋪。
- 掛：連帶、附加。
- 竹箅：用竹子編成屏風的竹架。
- 鹹菜綑：成捆成束的鹹菜。
- 長進：成功；出頭天。
- 頭面：臉色。

【釋義】
八腳大床掛竹架
一張棉被鹹菜捆
咱家丈夫不長進
才得看哥的臉色

【賞析】
「不倫」的題材似乎在褒歌中屢見不鮮。這首褒歌很明顯是在敘述男

女兩人不正常的關係。結尾兩句「阮厝丈夫不長進，才著看哥的頭面」透露了兩人相處似乎出了些問題，男子常常不給女子好臉色。而女人之所以隱忍再三，責任則推給了先生的不長進。先生不思長進、「無路用」逼得女子不得已「犧牲」，來尋求姘頭可能是財物上的奧援，偏偏男子又常常擺譜，敘事者心中的委屈不言而喻。

起首兩句白描，即景興句的可能性較高，「八跤眠床掛竹算」看得出男子家中經濟條件不差，「一領棉被鹹菜綑」則似乎是兩人「大戰」之後床單狼藉的一景，也為主題的提點作了一番鋪墊。

褒歌中的「竹算」、「鹹菜綑」都是現實社會幾乎要消失了的語詞，從這裡可以一窺台語語彙的豐富，而「不長進」文讀，特別是「長」讀如「tsiáng」，屬於官話層次的文讀音，值得留意。

7. 無衫無褲通好換

唸唱者：賴黃鴛（女，66歲）
時間：2001.10.24
整理者：林金城

採錄者：林金城、朱金城
地點：金山（美田）
釋義、賞析：許亮昇

Bô sann bô khòo thang-hó uānn
無衫無褲通好換
Tsi̍t niá uānn-sé mua phuē-tuann
一領換洗幔被單
Mua-tshut-mua-ji̍p hōo lâng khuànn
幔出幔入予人看
Ē kuè a-kun gê sim-kuann
會過阿君的心肝

Bô sann bô khòo thang-hó tshīng
無衫無褲通好穿
Tsi̍t niá uānn-sé ku tsàu-tsîng
一領換洗跔灶前
Ta̍k-gê lâi khuànn kiò hiau-hīng
逐个來看叫僥倖
To sī bô ko thang khan-sîng
都是無哥通牽成

【注解】
- 通好：得以、以便。
- 幔：將衣物披在身上。
- 跔：彎身蹲下、窩著。
- 僥倖：可憐、惋惜、遺憾。
- 都：音 to，是。表示有條件的肯定。
- 牽成：栽培、提拔。

【釋義】
無衣無褲好替換
一件換洗裹被單
裹被出入讓人瞧
郎君心肝過得去

無衣無褲好穿著
一件換洗蹲灶前
大家來看皆欷惋
都是郎君不提攜

【賞析】
　　所謂「出入無完裙」，衣食無虞的現在人應該是難以想像的。褒歌作為一種民間的酬唱型式，語言上的誇大其詞非但不足為奇，反而更能增添戲劇性的張力，如李白的「白髮三千丈，緣愁似箇長」就是很好的例子。這首褒歌正是運用誇飾的技巧，想要博取對方的愛憐。
　　褒歌一唱再疊，同一形式和主題。首句女子便開始哭窮，說自己沒有可以換洗的衣褲，一旦身上的衣物烘洗了，就只能裹著被單出出入入引人側目，或是蹲踞在灶前等待衣物烘乾，其狼狽窘態連別人看了都不忍心，郎君難道過意得去嗎？抱怨對方沒有「牽成」她，照顧好她。雖說其情可憫，可把自己講得可憐兮兮，也不得不讓人讚歎褒唱者功力一流，唱作俱佳。

8. 兩條菜瓜平平夯

唸唱者：賴黃鴛（女，66歲）　　　　採錄者：林金城、朱金城
時間：2001.10.24　　　　　　　　　　地點：金山（美田）
整理者：林金城　　　　　　　　　　　釋義、賞析：許亮昇

Nn̄g tiâu tshài-kue pênn-pênn hai
兩條菜瓜平平夯
Tsi̍t tiâu sing senn sing lut-tsâi
一條先生先甪臍
Ko-á bueh tuè nn̄g tâng-sāi
哥仔欲綴兩同姒
Tuā-ḿ bô-îng sè-tsím lâi
大姆無閒細嬸來

【注解】
- 平平：一樣。
- 夯：大。
- 甪臍：瓜臍掉落，逐漸長大。
- 綴：交往。
- 同姒：妯娌。兄弟的妻子彼此間的稱謂。

【釋義】
兩條菜瓜一般大
一條先長先掉臍
君兄欲偷兩妯娌
大嫂沒空小嬸來

【賞析】
　　褒歌裡觸及偷情的題材不少，但是如這首褒歌諷刺意味如此強烈的實屬罕見。三、四句「哥仔欲綴兩同姒，大姆無閒細嬸來。」語言簡潔明白，

調性上頗有「兩岸猿聲啼不住，輕舟已過萬重山」般的輕快，對比內容的「傷風敗俗」，備覺其譏刺的力道。

　　一、二句是常見的比興套句，首句的「夯」字和次句的「角臍」是道地的台語辭彙，褒歌的蒐集某種程度也是在拯救存亡危急的台語，其意義可見一斑。再者雖說是常見套句，難謂其與主題有直接的語意脈絡關聯，但「兩條」菜瓜和大姆、細嬸「兩同姒」，以及「先」生「先」角臍的先後關係和「同姒」妯娌的先來後至又或輩份的長幼排序，都可以說是褒者有意的安排。

9. 竹筍浮塗目目尖

唸唱者：賴黃鴛（女，66歲）　　　採錄者：林金城、朱金城
時間：2001.10.24　　　地點：金山（美田）
整理者：林金城　　　釋義、賞析：許亮昇

Tik-sún phû-thôo ba̍k-ba̍k tsiam
竹筍浮塗目目尖
Tiū-á lāng-hue tshuì-iâm-iâm
稻仔弄花碎鹽鹽
A-kun siūnn niû bē tsáu-siám
阿君想娘袂走閃
Guá-niû siūnn hiann hái bong-tsiam
我娘想兄海摸針

Tik-sún phû-thôo ba̍k-ba̍k kua
竹筍浮塗目目柯
Pue-lîng kiat-tsí sîng kāu-bua̍h
菠薐結子成厚茉
A-kun beh suah tiō lâi suah
阿君欲煞就來煞
Lí kám ū gîn-hún tsún thôo-sua
你敢有銀粉準塗沙

【注解】
- 浮塗：冒出地面。
- 弄花：授粉。
- 碎鹽鹽：細碎貌。
- 袂走閃：走不開。任何時候都無法避免。
- 柯：形容在品嚐蔬菜或瓜果時，有纖維粗糙的感覺。
- 菠薐：菠菜。

- 成：像。
- 厚茉：葉甜菜、厚皮菜。葉菜類。二年生草本，葉柄長，葉面平滑有光澤，葉肉很厚，果實為褐色，嫩葉略帶甜味，可以食用。
- 煞：結束、停止。罷休、放手。
- 準：當做。
- 塗沙：沙塵。沙土。

【釋義】
竹筍出土節節尖
稻子授粉碎花花
郎君想我躲不開
姑娘想郎海摸針

竹筍出土節節蔫
菠菜結實像厚皮
郎君欲罷就來罷
你可有銀粉當土沙

【賞析】
　　「竹筍離塗目目柯」這一句話因為〈台東人〉一曲而令人耳熟能詳，仔細研究更能看出民謠和褒歌間的傳襲關係。這裡褒歌兩段都以此興句，只是文字略有更異，押韻的功能性重於實質內容的指涉。次句一寫稻作一寫菠菜，描繪稻米授粉細碎紛紛的景致和菠菜結實狀似厚皮菜的模樣，都是即事湊句成趣，一般未必和主題有直接的關係。
　　本章上下兩段褒歌的主題相仿，都著重在對兩人感情關係「不對等」的抱怨。但側重的著眼點卻大不相同。「阿君想娘袂走閃，我娘想兄海摸針」映襯兩人對待情感態勢上的巨大反差，委婉地表現出自己的委屈。下段似乎是對彼此感情關係有所領悟，不想再受委屈，於是決絕地斷捨離，「阿君欲煞就來煞」顯現出女子不再苦苦哀求、再三挽留的態度。末句「你敢有銀粉準塗沙」更反譏男子也沒有揮金如土的本事，言下是即便分手了，說真的也沒什麼可惜之處，那就掰了吧！

10. 歲頭食甲八十四

唸唱者：賴黃鴛（女，66歲）
時間：2001.10.24
整理者：林金城

採錄者：林金城、朱金城
地點：金山（美田）
釋義、賞析：許亮昇

Huè-thâu tsiàh kah peh-tsàp-sì
歲頭食甲八十四
Tsiah beh se-thâu buah-hún tiám-ian-tsi
才欲梳頭抹粉點胭脂
Ū lâng tshiò guán bē-hiān-sì
有人笑阮袂現世
Tsit-kú m̄ buah tán tang-sî
這久毋抹等當時

Huè-thâu tsiàh kah pueh-tsàp-pueh
歲頭食甲八十八
Bīn-bah tshan-tshiūnn tshài-kue-phuê
面肉親像菜瓜皮
Tsiàh-lāu su lâng tsok tsiânn tsuē
食老輸人足誠濟
Thâu-moo tshan-tshiūnn kuann-bâng-hue
頭毛親像菅芒花

【注解】
- 歲頭：歲數、年齡。指年齡的大小。
- 袂現世：丟臉、丟人現眼。
- 這久：現在。
- 當時：音 tang-sî，何時。

【釋義】
年紀上了八十四
才要梳頭抹粉點胭脂
有人笑我不知羞
此時不抹待何時

年紀上了八十八
臉皮就像菜瓜皮
人老輸人實在多
頭髮直如菅芒花

【賞析】
　　著名的台灣民謠〈草蜢仔弄雞公〉裡，把個花甲阿伯與青春少女之間的「盤喙花」詮釋得逗趣詼諧。歌曲本身便來自褒歌的形式和常見的題材，最大的差異是這裡兩段褒歌的敘事者為同一人，主題相仿，切入的角度互為表裡，有種夫子自嘲的興味，值得我們細細品嚐。

　　「歲頭食甲八十四」就今日而言當然是耄耋之年，遑論過往。「才欲梳頭抹粉點胭脂」讓人想起逛大觀園的劉姥姥，被賈家一眾千金少女促狹捉弄、橫三豎四插了一頭鮮花取笑時，她說出「今兒索性做個老風流」的自嘲之語。「這久毋抹等當時？」一語出口氣壯理直，頓時讓嘲笑他「袂現世」的人啞口無語。

　　次段這回「歲頭食甲八十八」，歲月不饒人，轉眼四年又過了。年齡雖然不是問題，協韻增句才是重點，且也有了層遞的效果。若說前段年邁，這一段就只能說老到不行了。敘事者也只能承認現實，「白頭搔更短，渾欲不勝簪」、「甚矣吾衰矣」這一類的不得不服老。臉皮老皺、髮白蒼蒼，用菜瓜、菅芒花為喻，更顯躍然生動，「食老輸人足誠濟」有一種自知、一種喟歎，畢竟想當然「伊昔紅顏美少年」呢！

11. 阿君欲轉娘就送

唸唱者：賴黃鴛（女，66歲）
時間：2001.10.24
整理者：林金城

採錄者：林金城、朱金城
地點：金山（美田）
釋義、賞析：許亮昇

A-kun beh tuínn niû tō sàng
阿君欲轉娘就送
Bák-khoo lí âng guá ā âng
目箍你紅我也紅
Tsit liáp bák-sái kui kin tāng
一粒目屎規斤重
Tih lóh thôo-kha ē kui-khang
滴落塗跤會規空

【注解】
- 轉：返回。
- 目箍：眼眶。
- 塗跤：地面、地上、地板。

【釋義】
郎君欲回咱便送
眼眶你紅咱也紅
一滴眼淚近斤重
滴落泥地會有洞

【賞析】
　　「黯然消魂者，惟別而已矣」以及「多情自古傷離別」，離別愁恨的難分難捨自不待言，所以才有「十八相送」的依依。這裡褒歌的表現相對樸素，即便是誇飾也不會讓人覺得矯情，反而有種戲劇性的效果，能化解些許離別的苦恨。

白描手法的「阿君欲轉娘就送，目箍你紅我也紅」，寫無法挽留的無可奈何，能做的惟有送別，彼此情意相投，兩人都「目眶紅紅」，萬般不捨。然後是敍事一方再也忍不住了，蓄積已久的眼淚終於奪眶而出，以著「沛然莫之能禦」的態勢直墜而下。又因為停蓄多時，體積近600cc（比重按純水計算），難怪「滴落塗跤會規空」，威力不下於來自外天空形成的殞石坑。

12. 想欲嫁翁較快活

唸唱者：賴黃鴛（女，67歲）
時間：2002.5.15
整理者：林金城

採錄者：林金城
地點：金山（美田）
釋義、賞析：許亮昇

Siūnn-bueh kè-ang khah khuànn-uảh
想欲嫁翁較快活
М̄ tsai kè-ang tò thua-buâ
毋知嫁翁倒拖磨
Ti-tshài ā tỏh ka-tī kuah
豬菜也著家己割
Tshâ-tsháu ā tiỏh ka-tī thua
柴草也著家己拖

Siūnn-bueh kè-ang tsiảh khah-hó
想欲嫁翁食較好
М̄ tsai kè-ang puànn-tsiảh-gō
毋知嫁翁半食餓
Bueh-tsai mài kè mā khah-hó
欲知莫嫁嘛較好
Lâu tih guán-tau tsò koo-pô
留咧阮兜做姑婆

Siūnn-bueh kè-ang ū ang thè
想欲嫁翁有翁替
М̄ tsai kè-ang giâ-ang-kê
毋知嫁翁夯翁枷
Bueh-tsai khah-tsá mā mài kè
欲知較早嘛莫嫁
Pē-bú tsú-hun m̄ kánn the
父母主婚毋敢推

【注解】
- 拖磨：辛苦操勞。
- 豬菜：蕃薯的莖葉等豬的飼料。
- 柴草：柴火。
- 夯枷：自找麻煩。把沉重的負擔攬在身上，引申為自找麻煩。「枷」是古時候用木頭製成，套在犯人脖子上的刑具。
- 推：推辭。

【釋義】
以為嫁人較快活
誰知嫁人反拖累
豬菜也得自己割
柴薪也得自己拖

以為嫁人吃較好
誰知嫁人半飢飽
早知不嫁比較好
留在家裡當姑婆

以為嫁人有人幫
誰知嫁人繫枷索
早知以前也不嫁
父母主婚未敢推

【賞析】
　　人們都說：「理想很豐滿，現實很骨感。」
　　雖未必真到「嫁錯郎」的地步，只是現實生活裡的感受，往往和想像、憧憬的情境有著差異不小的鴻溝。換成今天也不是什麼天大的事，離婚證書上簽個章，從此枕邊成陌路，「田無溝、水無流」便罷了。
　　再說回從前的社會，嫁人意味著告別過往的一切，逕赴夫家成了不折不扣的「菜鳥新婦」，有朝一日幸而「熬」成婆了，才算徹底擺脫了「新婦」的角色，而其中的辛酸就如人飲水了。
　　這首褒歌一唱三疊，說的都是悔不當初的莫可奈何。

「想欲嫁翁」是想說嫁了人「較快活」、「食較好」、「有翁替」，把這些都視作理所當然的事。然而，事與願違，結果是「倒拖磨」、「半食餓」、「夯翁枷」。「倒拖磨」意味著樣樣都得自己親力親為，「半食餓」說三餐常常吃不飽，早知道留在家中當姑婆還能圖個輕鬆。原想「有翁替」有堅實的臂膀可以依靠，誰承想反倒「夯翁枷」活受罪。只是婚姻是父母作主的，在過往的社會框架下，又有多少人敢忤逆父母、大聲說「不」呢？

（上、下圖）昊天嶺文史工作室參與教育部「咱的歌」發表會，積極推廣本土文化
下圖右為鄭福田文教基金會邱慧珠執行長（邱慧珠提供）

13. 驚某的人上狼狽

唸唱者：賴黃鴛（女，67歲）
時間：2002.5.15
整理者：林金城

採錄者：林金城
地點：金山（美田）
釋義、賞析：許亮昇

Kiann bóo gê lâng siāng liông-puē
驚某的人上狼狽
Phiàn bóo kóng bueh khuànn ti-phue
騙某講欲看豬胚
Lín bóo muī lí tuì tá kuè
恁某問你對佗過
Tsit tsiah ti-á tsin suí-phue
一隻豬仔真媠胚

Kiann-bóo gê lâng siāng-kài sí
驚某的人上蓋死
Phiàn bóo kóng bueh khì khuànn ti
騙某講欲去看豬
Lín-bóo mn̄g lí tuì tá khì
恁某問你對佗去
Tsit tsiah ti-á tsin pân-gî
一隻豬仔真便宜

【注解】
- 驚某：懼內。
- 豬胚：已養到 40~80 斤的豬。
- 佗：何處、哪裡。
- 媠：漂亮的、美麗的。
- 上蓋：非常、最。

【釋義】
懼內的人最狼狽
誆妻說去看豬仔
老婆問你打哪過
一隻豬仔美人胚

懼內的人最悽慘
誆妻說要去看豬
老婆問你打哪去
一隻豬仔真便宜

【賞析】
　　現實中妻管嚴、懼內一族恐怕不少，所以才會衍生出「驚某大丈夫，拍某豬狗牛」的俗諺。男人懼內者眾，又怕被笑沒有男子氣概，反倒常把「驚某的人」此一標籤貼在別人身上來加以取笑。這首褒歌便是「鄙相」別人懼內，面對老婆的質問心虛而支吾以對，理由唐突荒誕的窘狀。

　　褒歌一疊再唱，開門見山給了懼內的人難堪的評論「上狼狽」、「上蓋死」。顯然是要去不該去的地方做不該做的事，出門前得先跟老婆報備，騙說是要去看豬仔。看豬仔當然是想買回家養補貼家計，這是妥妥當當的好理由。只不過返家兩手空空，說不定還因為心虛而面有不安之色，老婆見狀不免起疑質問去到何處、又結果如何？男子想必是在驚惶股戰之下支吾以對，瞎說見到了隻小豬仔「婧胚」又「便宜」這種說了等於沒說的回答。

　　兩段褒歌的結尾其實也暗示男子其實是出門尋芳。「豬仔」借喻賣春女子，「婧胚」和「便宜」雙關交易對象的樣態和價格。著實狠狠地把「驚某的人」嘲謔一番。

14. 人嫁的翁咧行船

唸唱者：賴黃鴛（女，67歲）
時間：2002.5.15
整理者：林金城

採錄者：林金城
地點：金山（美田）
釋義、賞析：許亮昇

Lâng kè gê ang tih kiânn-tsûn
人嫁的翁咧行船
Guán kè gê ang tsiah-oo-hun
阮嫁的翁食烏薰
Tsit jit tsiah-pá tiām-tiām khùn
一日食飽恬恬睏
Khah gâu lâi suìnn mā m̄ tshun
較勢來算嘛毋賰

Lâng kè gê ang tih tsò-kuann
人嫁的翁咧做官
Guán kè gê ang tsò lôo-muâ
阮嫁的翁做鱸鰻
Tsit jit tsiah-pá tiām-tiām khuànn
一日食飽恬恬看
Khah gâu lâi suìnn mā bē-hô-puânn
較勢來算嘛袂和盤

【注解】
- 翁：丈夫。
- 行船：在船上從事航海工作。
- 食烏薰：吸食鴉片。
- 賰：剩餘。
- 做鱸鰻：當流氓。
- 袂和盤：不划算、划不來。

【釋義】
別人丈夫在行船
我嫁的人吃鴉片
飽足成天沉沉睡
再棒終是沒剩餘

別人丈夫在當官
我嫁的人當流氓
吃飽成天靜靜看
再棒終是不合算

【賞析】

「別人的阿君仔，是穿背広（西裝），阮的阿君仔喂，是賣生蚵。」不是每個人都像〈青蚵嫂〉那般認份知命，有比較就有傷害。這裡兩段褒歌同樣的手法，抒發自己「良人」的不良。

起始兩句排比映襯，道出自己的先生無法跟別人比。行船雖苦，畢竟是正當頭路，賺的錢也還過得去。次段的「做官」則更不待言，相較之下自己的丈夫就極不成材。上一章自己的丈夫是個鴉片成癮的人，吸食鴉片的人整天昏睡不難想像，如此一來有再多家底怕也要坐吃山空；而下一章敘事者的丈夫則是個流氓，成日無所事事四處張望，算一算怎樣也不划算。

兩段褒歌結尾句式略同，末句「較勢來算嘛毋賭，較勢來算嘛袂和盤」，語意不是很清楚。揆諸前面的語言脈絡，前者的「嘛毋賭」大概指其家產豐厚，只不過吸食鴉片所費不貲，落得賣田當屋下場的人不少。後者的「袂和盤」大概是「鱸鰻」為人霸氣專斷，自以為自己很行，所以說他「一日食飽恬恬看」，一副到處要「喬事」的模樣，在老婆看來，無論如何也「袂和盤」，對比別人家的先生「咧做官」，領的可是國家的糧餉，而「鱸鰻」再怎麼大尾，又要如何憑空致富呢？

15. 番薯大條生坦徛

唸唱者：賴黃鴦（女，67歲）　　　　　　採錄者：林金城
時間：2002.5.15　　　　　　　　　　　　地點：金山（美田）
整理者：林金城　　　　　　　　　　　　釋義、賞析：許亮昇

> Han-tsî tuā-tiâu senn thán-khiā
> 番薯大條生坦徛
> Lōo-pinn tiàm-á puànn-kau-sia
> 路邊店仔半交賒
> A-kun ū thàn niû ū tsia̍h
> 阿君有趁娘有食
> M̄-pí Pang-kiô Gōo-siàu-iâ
> 毋比枋橋五少爺

【注解】
- 坦徛：直立。
- 半交賒：有錢時現金，沒錢時掛帳，小店的經營方式。
- 趁：賺取。
- 枋橋五少爺：板橋富商林平侯之五子林國芳，善於經商。「林本源」家號即由其三哥林國華之「本記」與林國芳之「源記」合併而來。

【釋義】
番薯大條斜著長
路邊小店半交賒
阿君有賺娘得食
不比板橋五少爺

【賞析】
　　這首褒歌主旨在第三句「阿君有趁娘有食」，像是在回應女子的請求之類的，男性敘事的相褒者強調自己得要工作才能養家活口或是支應女人

的需求，畢竟「毋比枋橋五少爺」——板橋林家的五少爺，用今天的話說，就是首富郭台銘了。

　　採錄的褒歌因為不是實境秀，無法清晰重現「褒來褒去」的語意脈絡，「解析度」不夠高，這也是無可奈何的情況。

　　前面一、二兩句即事興句，一寫地瓜生長碩大，往往有「生坦徛」這種常見的現象。次句寫路邊的小店鋪，若偶爾我們手頭不便，賒帳個幾回是可以的。「半交賒」這樣饒富古早味的語詞，聽起來就彷彿讓人回到過去那種人情味濃厚的社會，頓覺神往。

16. 膨風哥仔食豆餡

唸唱者：賴黃鴛（女，67歲）
時間：2002.5.15
整理者：林金城

採錄者：林金城
地點：金山（美田）
釋義、賞析：許亮昇

Phòng-hong ko-á tsiảh tāu-ānn
膨風哥仔食豆餡
Ān niû tsìt niá sé-luh-sann
限娘一領 sé-luh 衫
Bô-iánn-bô-tsiah lí ā kánn
無影無跡你也敢
Lí tsîng kū-nî ān kàu-tann
你從舊年限到今

Phòng-hong ko-á tsiảh tāu-thâu
膨風哥仔食豆頭
Phiàn guán in tau khui hâng-kau
騙阮佢兜開行郊
In tau tē-thâu guán bat kàu
佢兜地頭阮捌到
Tsuan-bûn tih tsò oo-kui-thâu
專門咧做烏龜頭

Phòng-hong ko-á tsiảh tāu-jí
膨風哥仔食豆乳
Phiàn guán in tau tshuā-sè-î
騙阮佢兜娶細姨
In tau tē-thâu guán bat khì
佢兜地頭阮捌去
Tsiảh kah bô uánn kāng bô tī
食甲無碗共無箸

【注解】
- 限：口頭承諾、請求延長期限。
- sé-luh：語源為日語セル，斜紋嗶嘰布料，手感柔軟，二戰前，廣泛用於和服、羽織和褲面料。
- 無影無跡：子虛烏有、毫無根據。
- 佴兜：他家。
- 行郊：貿易批發商、進出口商。
- 烏龜頭：龜公，對妻有外遇之男人的譏稱。
- 豆乳：豆腐乳。
- 娶細姨：納妾。
- 箸：筷子。

【釋義】
吹牛老哥吃豆餡
許我一件嗶嘰衫
無消無息你真敢
你從去年拖到今

吹牛老哥吃豆渣
騙我他家開行郊
他家地方我曾到
專門在做王八龜

吹牛老哥吃豆乳
騙我他家娶二奶
他家地方我曾去
吃到無碗又無箸

【賞析】
　　「膨風哥仔」這個詞彙算是褒歌中經常出現的男主角，無一例外，主角角色設定的特點就是「愛膨風」。
　　敘事的內容不外乎其所吹噓的事情，以及牛皮被戳破的實況，利用對比的反襯達到反諷的效果。這裡褒歌一唱三疊，首句排比類疊，依序以「食

豆餡、食豆頭、食豆乳」抽換詞面充作韻腳。

　　首章情節談不上「重大」，其實就是未能履行要送給敘事者 sé-luh 衫的承諾。日語セル算是高級的布料，難怪會被冠上「膨風」的罵名。

　　次章的牛皮就吹大了，「行郊」簡單說就是大宗貨物的批發商號一類的，所謂富商鉅賈，財力雄厚不在話下，實情卻是個連老婆都不安於室，綠巾罩頂的王八烏龜。

　　與此恰恰相反，最後一章搬出「娶細姨」的情節。納妾無疑是財富的象徵，實情是「無碗閣無箸」。連吃飯的傢伙都付諸闕如，卻侈言「娶細姨」，真的就是「只剩一張嘴」的男人了。

汐止社大鄭維棕校長親往金山地區督導「萬金石褒歌（民間文學）」課程
（2024 郭秀芬攝）

汐止社大「萬金石褒歌（民間文學）」課程赴礁溪「台灣唸歌館」交流見學
（2024 吳栴禔攝）

57

17. 講甲予人招仙毋通

唸唱者：賴黃鴛（女，67歲）　　　　　　　　　採錄者：林金城
時間：2002.5.15　　　　　　　　　　　　　　地點：金山（美田）
整理者：林金城　　　　　　　　　　　　　　釋義、賞析：許亮昇

Kóng kah hōo-nĝ-tsio sian m̄-thang
講甲予人招仙毋通
Tshin-senn gê kiánn hōo-nĝ kuè-pâng
親生的囝予人過房
Āu-pái bô senn tiō bô-bāng
後擺無生就無望
Sîn-tsí m̄-tiō tshāi tsio̍h-khang
神主毋就祀石空

Kóng kah hōo-nĝ-tsio guá m̄ kánn
講甲予人招我毋敢
Sîn-tsí kánn tio̍h tshāi lo̍h nâ
神主敢著祀落籃
Lâng ê tsò-kī bah tsi̍t tànn
人的做忌肉一擔
Lán ê tsò-kī ám tsi̍t khann
咱的做忌泔一坩

Kóng kah hōo-nĝ-tsio pháinn-miā-kut
講甲予人招歹命骨
Sann ji̍t bô tsò lé-kah-khu̍t
三日無做罣佮屈
Sim-kuann ná siūnn ná ut-tsut
心肝那想那鬱卒
Put-jî bô bóo tsò koo-khu̍t
不如無某做孤屈

Kóng kah hōo-n̂g-tsio lâng-lâng ū
講甲予人招人人有
Kóng kah tsin hó iá khah-su
講甲真好猶較輸
It-tio̍h lâng gê suí sin-pū
憶著人的婿新婦
Tsiah tio̍h kā-n̂g tsò huan-á-gû
才著共人做番仔牛

Kóng kah hōo-n̂g-tsio khóo-liân-tāi
講甲予人招可憐代
Guá nā bô kóng lín m̄ tsai
我若無講恁毋知
Íng-kuè mā bat hōo-n̂g tsio tsi̍t pái
往過嘛捌予人招一擺
Hōo lâng hoo-hat tsiah tsáu-tshut-lâi
予人呼喝才走出來

【注解】
- 予人招：入贅。
- 仙毋通：無論怎樣都不可以。
- 過房：過繼。
- 後擺：下次。
- 神主：音 sîn-tsí，祖先牌位。
- 祀：供奉。
- 敢著：恐怕得。
- 泔：米湯。
- 坩：計算以鍋子為容器的東西。
- 歹命骨：注定命苦。
- 詈俗尾：破口大罵。
- 鬱卒：心中愁悶不暢快。
- 孤尾：光棍。
- 憶著：貪圖、希求。

- 嬌：漂亮的、美麗的。
- 新婦：媳婦。
- 番仔牛：喻討好女友做白工的人。
- 呼喝：大聲罵人。

【釋義】
說到入贅萬不可
親生孩子過繼人
以後沒生就無望
神主豈不祀石洞

說到入贅我不敢
神主怕得祀入籃
人家忌日肉一擔
咱家做忌粥一鍋

說起入贅命多舛
三日休息破口罵
心裡愈想愈鬱悶
不如無妻當光棍

說到入贅到處有
說到真好尚不如
貪得人家美新婦
才得替人做番牛

說到入贅可憐事
我若不講你不知
過去入贅過一回
被人痛斥才離開

【賞析】
　　風俗舊習往往都受制於自然環境和社會條件交互影響，在男尊女卑、

父權優先主義的觀念下，膝下無「子嗣」或者家業亟須勞動力幫忙的女子家中，「招贅」就成了變通的選項之一。而對家境貧困、無力備辦聘金婚禮的男子而言，「入贅」也是無可如何的辦法。

　　這裡錄輯到的褒歌有五章，同一主題接續褒唱環環相扣、脈絡分明，足見褒唱者賴黃鴛女士的功力。不論是否原唱或記憶力佳，可以推測這些歌謠經歷多年仍不斷在歌者腦海中盤旋或現實中回環低唱，其對褒歌的珍視和喜愛也可見一斑。

　　話回到褒歌本身。五章歌謠主題都是「入贅」，而且全是「負評」。我們但從其切入的角度來看，首章談的是擔心自己身後沒有人奉祀，神主牌無處安置。第二章同樣也提及神主牌安置的問題，並映襯「做忌」所受的待遇大不同。第三章寫入贅的人地位低下，經常遭斥責。「詈俗尾」以及後面的「孤尾」語言生動卻幾乎要流失了，相當可惜。敘事者愈想愈鬱悶，覺得與其如此，還不如打光棍過日子來得清淨。第四章著眼的是招贅的人猶如做牛做馬般賣力，只因為當時貪圖女人家的美色，實在不值得。題材與上一張略同，起首的句子提到入贅的情況十分普遍，又說好處很多，實則不然。「番仔牛」一詞反映了最早耕牛是殖民的荷蘭人所引進此一背景。

　　五章褒歌首句一色類疊「講甲予人招」然後添句或評論，末章總結入贅這事是「可憐代」，原來敘事者因為親身經歷了慘痛的教訓，所以才苦口婆心現身說法，力勸諸君不要重蹈他的覆轍。這樣的收尾相當有說服力，也讓這五首褒歌的結構更為完整，具有高度的欣賞價值。

18. 阿君欲好著䘼心

唸唱者：賴黃鴛（女，67歲）
時間：2002.5.15
整理者：林金城

採錄者：林金城
地點：金山（美田）
釋義、賞析：許亮昇

A-kun beh hó tio̍h siāng-sim
阿君欲好著䘼心
Tsi̍t uánn hû-tsuí phâng lâi lim
一碗符水捀來啉
Bîng-hoo-bîng-tshiàng khùn siāng tsím
明呼明唱睏䘼枕
Bîng-hoo-bîng-tuàn bô huán-sim
明呼明斷無反心

【注解】
- 䘼：相同。
- 符水：溶有符籙灰燼的水。
- 捀：用手端著。
- 明呼明唱：言明條件。
- 反心：變心。

【釋義】
郎君欲好得同心
一碗符水捧來喝
明呼明唱共枕眠
明呼明斷不背心

【賞析】
　　俗話常言：「翁仔某若仝心，烏塗變黃金。」這裡褒歌首句便言明「阿君欲好著䘼心」是兩人長相廝守的必要條件之一。但這樣還是缺乏「保

證」,只好再請出神明作保,燒箇符籙和水喝。

有道是「千年修得共枕眠」,男女的感情關係裡同衾共枕是重要的場景,所以「睏裯枕」要「明呼明唱」。

感情生變則往往源於一方的「負心」,所以「無反心」也是「明呼明斷」的標的。其中,「斷」字抽換詞面,讓句子不致於過度板滯。

19. 阿君趁食落滬尾

唸唱者：賴黃鴛（女，67歲）
時間：2002.5.15
整理者：林金城

採錄者：林金城
地點：金山（美田）
釋義、賞析：許亮昇

A-kun thàn-tsiàh lòh Hōo-bué
阿君趁食落滬尾
Guá-niû huân-ló thâu bô sue
我娘煩惱頭無梳
Tán-thāi a-kun nā tńg-huê
等待阿君若轉回
Se-thâu buah-hún tshah phang-hue
梳頭抹粉插芳花

A-kun thàn-tsiàh tshut guā-kuān
阿君趁食出外縣
Guá-niû sim-kuann put-sî huân
我娘心肝不時煩
thàm-thiann Tn̂g-suann bô huán-luān
探聽唐山無反亂
Guá-só sim-kuann tsiah an-tsuân
我嫂心肝才安全

A-kun thàn-tsiàh lòh ē-káng
阿君趁食落下港
Guá-niû huân-ló tsàp-guā kang
我娘煩惱十外工
Phe-sìn kià tiòh kui tuā láng
批信寄著規大籠
Kià bô tsit-ê thò-tòng lâng
寄無一个妥當人

A-kun thàn-tsiah tshut guā-thâu
阿君趁食出外頭
Beh siá phe-sìn hōo i kau
欲寫批信予伊交
Beh hōo a-kun tshin-tshiú tháu
欲予阿君親手敨
Bueh siá giân-gí tsāi phe-thâu
欲寫言語在批頭

【注解】
- 趁食：謀生。
- 落：前往。
- 滬尾：今新北市淡水。
- 芳：香。
- 唐山：早期台灣民間稱中國為「唐山」。
- 反亂：動亂。
- 我嫂：娘子自稱。非親屬稱謂的「嫂」。
- 下港：台灣南部。
- 敨：打開。

【釋義】
郎君賺錢到淡水
姑娘煩惱頭未梳
等待郎君回家來
梳頭抹粉插香花

郎君賺錢去外縣
姑娘心思不時煩
聞得唐山無動亂
姑娘心思才安穩

郎君賺錢下南部
姑娘煩惱十幾天

書信欲寄一大籠
覓無一個可靠人

郎君賺錢出外頭
想寫書信交給他
想教郎君親手拆
想寫些話在開頭

【賞析】

著名的樂府詩裡那孝順的巾幗花木蘭，為了代父從軍，不僅要女扮男裝，還要自掏腰包跑遍東南西北各市集備辦馬匹、馬具，想想也太辛苦了。當然，這只是樂府詩民間文學的一種表演娛樂性質，語言的「實指」功用不大。

這裡四章形制近似的褒歌情況也一樣。不然郎君南北奔波出外賺錢，一會兒到淡水，一會兒下南部，忽而外頭，忽而唐山，估計敘事的女子也會瘋掉。

且來看看褒唱的內容。

四章全都以「阿君趁食」開頭，再寫工作的地方。

首章去了「滬尾」，「我娘煩惱頭無梳」和詩經裡「自伯之東，首如飛蓬」完全一樣，女子因為掛念和煩憂而無心裝扮，原因是「豈無膏沐，誰適為容」。白話一點說，就是「女為悅己者容」而已。

次章去到了「外縣」，女子會煩憂不足為奇。不過這次是去「唐山」，而唐山路途迢遠又要橫跨洶湧的「烏水溝」，單就交通而言就已經困難重重了，更何況頻仍發生的「反亂」。直到探得的消息是這一晌太平無事，姑娘一顆忐忑不安的心總算安穩下來。

三、四章的敘事重點都擺在「書信」，暌違潤別最能聊堪慰藉的，莫過於魚雁往返。

第三章寫思念如潮水，所以化成文字，但「批信」竟然「規大籠」，這下要找個「妥當人」權充快遞、使命必達，也成了新的難題。

終章續寫想要用「批紙」來表達女子綿綿不盡的情意，想要郎君收到信會迫不及待地親手拆閱，而那上面則有自己似水的密意柔情。

這首四章褒歌語言直白生動，情感表現真摯動人。主題一致且題裁的佈局配置允妥，讀來一氣呵成，暢快淋漓。

汐止社大校長及學員於公民週表演相褒歌
（汐止社大提供）

20. 灶空無柴燃袂著

唸唱者：賴黃鴛（女，67歲）　　　　　採錄者：林金城
時間：2002.5.15　　　　　　　　　　　地點：金山（美田）
整理者：林金城　　　　　　　　　　　釋義、賞析：許亮昇

Tsàu-khang bô tshâ hiânn bē toh
灶空無柴燃袂著
Tiánn-té bô bí ám bē lô
鼎底無米泔袂濁
Pak-tóo iau-iau kah niû hó
腹肚枵枵佮娘好
Tsioh-thâu tīng-tīng kám pōo ē loh
石頭有有敢哺會落

【注解】
- 灶空：爐膛。
- 著：燃、燒。
- 鼎：烹飪的大鍋。
- 泔：米湯。
- 枵：餓。
- 有：硬的、堅實的。
- 哺：咀嚼。

【釋義】
灶裡無柴燒不著
鍋底無米粥不稠
肚子扁扁跟我好
石頭硬硬豈嚼得

【賞析】

　　所謂「巧婦難為無米之炊」，這裡敘事的女子顯然十分明白這個道理，不會被感情沖昏了頭，用譬喻和反詰的口吻清楚地拒絕了男子的追求。

　　褒歌比況興句「灶空無柴燃袂著，鼎底無米泔袂濁」，這是當然的事理。能近取譬，排比的兩句喻依直白貼切，又能緊扣生活的核心重點。

　　「腹肚枵枵佮娘好」直接道出男人的困窘，也間接表現女子不以為然的態度。

　　末句再以「石頭有有敢哺會落」反詰，生動又充分地把麵包和愛情擺上了天秤的兩頭。

21. 昨暝眠夢佮娘睏

唸唱者：徐石金（男，72歲）
時間：2001.8.23
整理者：林金城

採錄者：林金城、朱金城
地點：金山（美田）
釋義、賞析：許亮昇

Tsa-mê bîn-bāng kah niû khùn
昨暝眠夢佮娘睏
Sim-kuann huann-hí tsa̍p-jī-hun
心肝歡喜十二分
Tsing-sîn bong bô khóo tsi̍t tsūn
精神摸無苦一陣
Ba̍k-sái liàn-lo̍h tsò puīnn thun
目屎輾落做飯吞

Tsa-mê bîn-bāng kah niû lám
昨暝眠夢佮娘攬
Tshuì-tsi̍h tshun-tn̂g hōo niû kâm
喙舌伸長予娘含
Khó-pí ping-thn̂g hó tām-sám
可比冰糖好啖糝
Tsia̍h kah tshuì-bué tinn kah kam
食甲喙尾甜佮甘

【注解】
- 眠夢：做夢、夢想。
- 精神：睡醒。
- 啖糝：解饞、淺嚐，為消遣用。
- 喙尾：吃完東西之後，嘴裡所留存的餘味。

【釋義】
昨夜夢裡同娘睡
心中歡喜十二分
醒來摸無一陣苦
淚珠滾落當飯吞

昨夜夢裡抱姑娘
舌頭伸長給妳含
堪比冰糖好解饞
食盡餘味甜又甘

【賞析】
　　雖說詩三百「一言以蔽之，曰：思無邪」，但三百篇的首章，宏旨據說是在闡述「后妃之德」的〈關雎〉篇裡，從頭到尾我們就只看到一個見了窈窕淑女、滿腦子只想追來當老婆的「君子」，因為苦追未果、無計可施之下，落得整天只能躺在床上翻來覆去長歔短歎、呻吟不已「悠哉悠哉、輾轉反側」的畫面。

　　話又說回來，且不管千百年來儒家的碩學鴻儒如何詮釋《詩經》篇旨大義，「國風」說穿了就是各地的風土民謠，多的是曠男怨女的情思，更不乏情節香豔、語言大膽的篇章。明白了「國風」本質，再回頭欣賞台灣各地的相褒歌謠，就更能體會謠唸所傳達、表現的情感張力而餘韻無窮。

　　本首褒歌上下兩「葩」（章節、段落）並無情節上的起承變化，基本上可以視作同一首褒歌的不同版本。但仔細分析比較，還是能看出手法上的異同之處。起句同樣用「賦」（簡單說就是平鋪直敘）的形式入歌，說昨夜夢見與娘子妳同衾共枕。第二句起就大異其趣了，我們先看第二首。第二首通篇直敘，流連在夢中的甜蜜繾綣。雖則直白露骨，但語言活潑生動，饒富趣味。

　　相較之下前一首並沒有直接「示現」夢中的「旖旎風光」，反而著重在夢醒時分的失落懊惱、撲簌淚拋的痛苦場景，從而反襯夢裡的無限甘美。夢有多美好，夢醒就有多痛苦。最令人稱讚不已的是第三句神來一筆「精神摸無苦一陣」，活生生表現出天亮醒來時的不願置信和萬般難捨的痛苦不甘。民間文學的精彩與價值可見一斑，再多的評論還不如直接去聆賞這些或將消亡殆盡的文學瑰寶。

22. 牛埔仔一隻新自動

唸唱者：徐石金（男，73歲）　　　　　　　　採錄者：林金城
時間：2002.5.15　　　　　　　　　　　　　　地點：金山（美田）
整理者：林金城　　　　　　　　　　　　　　釋義、賞析：許亮昇

Gû-poo-á tsit tsiah sin tsū-tōng
牛埔仔一隻新自動
Tsiann-gue̍h tshe-sì tsiah khai-thong
正月初四才開通
Bueh tah kè-tsînn m̄-bián kóng
欲搭價錢毋免講
Pîng-iú gê-gê tio siang-tong
朋友个个都相當

Gû-poo-á tsit tsiah ji-lo-siah
牛埔仔一隻 ji-lo-siah
Tsiong-tsng gê lâng bueh kā khiâ
終庄的人欲共騎
Tsiong-tsng bueh tsē tsiâ ū-gia̍h
終庄欲坐誠有額
Bô tsînn iā thìng puànn-kau-sia
無錢也聽半交賒

【注解】
- 牛埔仔：地名，在金山三和附近。
- 自動：日語自動車即汽車。
- 都：皆、完全、通通。城按：台語「都」字有 to、tio、too 等說法，變調後為中平調。
- Ji-lo-siah：日語じどうしゃ，自動車，即汽車。
- 終庄：全村。

- 聽：可以、得以。
- 賒：掛帳。

【釋義】
牛埔來台新自動
正月初四始開通
要上價錢都甭講
朋友誰來都一樣

牛埔來輛 ji lo siah
全庄的人都想搭
大家要搭賺不少
缺錢可以先賒帳

【賞析】
　　這首褒歌上下兩段寫同一主題，直白說就是鄉里來了位新的賣身姑娘頗受歡迎的情況。題材在衛道人士看來容或鄙俗不雅，內容和敘事的語言卻很值得存錄，茲稍述以見證舊俗。
　　「牛埔仔」來了輛「新自動」，以「乘物」借喻女子是過往常用的手法，一如「馬」作為女子供男人「駕御」的隱喻。「自動車」是日語造詞，這裡用台語漢字文讀讀音，下一段抽換「ji lo siah」則是日語的漢字音讀借詞，讀法稍別於日語，也是外來語的一種，反映了殖民地語言的形塑併合情況之一，有其語言學上的價值。
　　毋庸諱言，喜歡嚐「新」是愛好此道的尋芳客普遍的心態，牛埔仔新開通的這輛自動車想必大受歡迎，所以大家費用均一，沒得「講價數」。從另一面想，推測當時某些情況尋歡的價碼應該是可以商量的。
　　下一段暗示了時間的推移，該名女子愈來愈受歡迎，舉村的男子們在「食好鬥相報」的情況下爭相一親芳澤。結果就是收入大幅增加下「回饋鄉親盛情」，提供「賒帳」的優惠方式。兩段褒歌擷錄了舊時代的生活片段，其價值自有其不容小覷的地方。

23. 日頭落山倒戧嶺

唸唱者：徐石金（男，73歲）　　　採錄者：林金城
時間：2002.5.15　　　　　　　　　地點：金山（美田）
整理者：林金城　　　　　　　　　釋義、賞析：許亮昇

> Jit-thâu lo̍h-suann tò-thenn niá
> 日頭落山倒戧嶺
> Môo-hē ji̍p khang thán-huâinn kiânn
> 毛蟹入空坦橫行
> Buē-tsîng kè-ang sing senn-kiánn
> 未曾嫁翁先生囝
> Tán-thāi kè-ang kiánn ē kiânn
> 等待嫁翁囝會行

【注解】
- 日頭：太陽。
- 戧：半仰躺。
- 坦橫：音 thán-huâinn，指物體打橫的狀態。

【釋義】
夕陽下山返映嶺
毛蟹入穴走橫行
雲英未嫁先有娃
待嫁夫君娃能走

【賞析】
　　「夕陽返照桃花渡」是詩文上耳熟能詳的佳句，殊不知卻是褒歌裡撿拾可見的句式，「日頭落山倒戧嶺」，想必是農忙鎮日之後的尋常一景。至於「毛蟹入空坦橫行」，不過是湊句成趣的日常即景。
　　主題自然是落在三、四兩句上。「未婚生子」在今天是司空見慣、無足

驚怪的事情，在民風保守的過去，可就是眾人議論不甚光彩的大事。本首褒歌就是譏諷未婚生子的窘態。「未曾嫁翁先生囝，等待嫁翁囝會行」兩句類疊「嫁翁」、「囝」，讓句子的語言節奏輕快活潑、畫面生動有趣，且不直接評論嘲謔，別有一種敦厚溫柔。

徐石金先生（2001 林金城攝）

24. 烏薰食牢項項會

唸唱者：徐石金（男，73歲）
時間：2002.5.15
整理者：林金城

採錄者：林金城
地點：金山（美田）
釋義、賞析：許亮昇

Oo-hun tsiáh-tiâu hāng-hāng ē
烏薰食牢項項會
Iā ē tsò-tshát thau liáh ke
也會做賊偷掠雞
Liáh-lâi-liáh-khì bih khǹg eh hong-suí té
掠來掠去覕园咧風水底
Hōo in a-má tshuē bô ke
予個阿媽揣無雞

【注解】
- 烏薰：鴉片。
- 掠：抓。
- 覕：躲。
- 風水：墳墓。
- 個：第三人稱的所有格。
- 揣：找。

【釋義】
鴉片上癮樣樣來
也會作賊偷捉雞
捉來捉去藏在墓穴裡
讓他奶奶尋無雞

【賞析】
　　吸食鴉片的題材經常出現在褒歌中，反映出背景時代的某些樣態。鴉

片是高度成癮的毒品且所費不貲，為了過癮什麼偷雞摸狗的事都幹得出來，所以褒歌開頭就是「烏薰食牢項項會」，而「也會做賊偷掠雞」意味著「做賊」是三番兩次、三天兩頭發生的事。

　　偷來的雞不比尋常贓物，究竟要藏放在什麼地方呢？想來想去歪腦筋動到先人的墳穴裡，嘲諷的味道就更濃烈了。說是做賊，其實也就是找自家人開刀，無辜的「阿媽」遍尋家裡飼養的雞而不得，那副焦急無奈的模樣躍然紙上，令人忍俊不住。

25. 我娘若會先僥兄

唸唱者：徐石金（男，72歲）
時間：2001.11.12
整理者：林金城

採錄者：林金城、朱金城
地點：金山（美田）
釋義、賞析：許亮昇

> Guá-niû nā ē sing hiau hiann
> 我娘若會先僥兄
> Sí-liáu tio̍h kuè Hóo-thâu-siânn
> 死了著過虎頭城
> Khì kah tshit-tiān lo̍h-iû-tiánn
> 去甲七殿落油鼎
> Bô an-ne hîng-hua̍t i m̄ kiann
> 無按呢刑罰伊毋驚
>
> A-niû lí lâi sing hiau ang
> 阿娘你來先僥翁
> Sí-liáu tio̍h khì mooh ian-tâng
> 死了著去揝煙筒
> Tsi̍t sin gê bah sio thàng-thàng
> 一身的肉燒迵迵
> Khuìnn lín tsí-muāi sian m̄-thang
> 勸恁姊妹仙毋通

【注解】
- 僥：負心、背叛。
- 落油鼎：佛教《十八泥犁經》提到，竊盜詐欺為非作歹者施炸油鼎之刑。
- 按呢：這樣。
- 毋驚：不怕。
- 揝煙筒：抱煙囪，地獄的刑罰之一種。
- 迵：通、透。

- 仙：無論如何。

【釋義】
娘子若先辜負哥
死後定赴虎頭城
來到七殿下油鍋
不這麼刑罰她不怕

娘子若先辜負我
死後要去烙煙囪
全身的肉燒通透
奉勸女人萬不可

【賞析】
　　所謂的海誓山盟、矢志不渝，終究不具備任何的效力。「毒誓」則提供另一種選擇，多了恫嚇的味道，至於效果如何？那就只能問當事人了。
　　十殿閻君的故事深植人心，犯了什麼樣的罪愆就會被發送那一殿受刑，而且往往是一些「慘無人道」的酷刑，視覺上震懾力十足。下油鍋、炮烙是其中兩種聞名的刑戮。第七殿執司的閻君是泰山王，內有刀山地獄，似乎與落油鼎無涉。而在第九殿，也就是鼎鼎大名的阿鼻地獄。至於「虎頭城」的典故與陰曹地府也無關，大概是聯想到「虎頭鍘」或是「虎頭」本身形象就極為駭人，敘事的男子拿來加強威懾的力道。
　　兩段褒歌一唱再疊，題材相同主題一貫，都在詛咒女人如果先來負心，就會有報應。前一章認為只有殘忍的酷刑才具有嚇阻的效果，後一章先嚇嚇人後再訴諸情理，奉勸一眾女人莫來「先僥」。

26. 三股蕹菜種好好

唸唱者：徐石金（男，72歲）　　　採錄者：林金城、朱金城
時間：2001.10.24　　　　　　　　地點：金山（美田）
整理者：林金城　　　　　　　　　釋義、賞析：許亮昇

Sann kóo ìng-tshài tsìng hó-hó
三股蕹菜種好好
Tiong-ng keh-kóo iā tang-o
中央隔股掖苳蒿
Kun-á bô bóo kah niû hó
君仔無某佮娘好
Tsa̍p-hun kan-khóo bô-nāi-hô
十分艱苦無奈何

Sann kóo ìng-tshài pênn-pênn tuā
三股蕹菜平平大
Tiong-ng keh-kóo iā kāu-bua̍h
中央隔股掖厚茉
Kun-á bô bóo kah niû tuà
君仔無某佮娘蹛
Tsa̍p-hun kan-khóo bô-tai-uâ
十分艱苦無奈何

【注解】
- 股：計算田畦的單位。
- 蕹菜：空心菜。
- 掖：音 iā，撒。
- 苳蒿：茼蒿。植物名。一年生草本植物。莖葉皆可食用，一燙即熟，常用來搭配火鍋或煮湯圓。由於莖葉的水分多，在煮過之後，會大量失水，只剩一點點，所以又叫「拍某菜」，是冬季重要的蔬菜之一。

- 厚茉：牛皮菜、葉甜菜，有大片深綠色的厚葉子，略帶澀味，商業價值低。又叫 ka-buah、ka-puah。
- 蹛：居住。
- 無奈何：音 bô-nāi-hô 或 bô-tai-uâ。

【釋義】
三股蕹菜種好好
中間隔股撒茼蒿
郎君無妻跟我好
十分艱苦無奈何

三股蕹菜一樣大
中間隔股撒牛皮菜
郎君無妻跟我住
十分艱苦無奈何

【賞析】
　　這首褒歌一唱再疊，主題一樣不說，連文字都只有少數的抽換更動，第二段次句「中央隔股掖厚茉」較罕見，對保留傳統台語詞意義重大。句式相當簡單，正是典型的褒歌表現手法之一，足以說明因為形式簡單語言直白，幾乎人人都能輕易記頌傳唱習得褒歌，從而深受民眾喜愛。
　　「三股蕹菜」定調首句的主詞，後面再用謂語「種好好」陳述蕹菜，「平平大」也是常見的詞語。接著第二句「中央隔股掖茼蒿、厚茉」，主要功能在協韻增句，無須肩負強化主題的責任，功能就如同「多識於鳥獸草木蟲魚之名」、「君仔無某佮娘好，十分艱苦無奈何」，直白講出褒歌的主旨，也道出兩人並非夫妻關係，在一起僅僅是各取所需，日子艱困也是無可如何的事情。

27. 看人嫁翁就欲嫁

唸唱者：徐石金（男，72 歲）　　　　採錄者：林金城、朱金城
時間：2001.10.24　　　　　　　　　　地點：金山（美田）
整理者：林金城　　　　　　　　　　　釋義、賞析：許亮昇

Khuànn lâng kè-ang tiō bueh kè
看人嫁翁就欲嫁
Kè tio̍h pháinn-ang giâ-ang-kê
嫁著歹翁夯翁枷
Bueh-tsai íng-kuè-á nā mài kè
欲知往過仔若莫嫁
Āu-piah khè-hiann kuí-lō gê
後壁契兄幾若个

Khuànn lâng tshuā-bóo tiō bueh tshuā
看人娶某就欲娶
Tshuā tio̍h pháinn bóo tò thua-buâ
娶著歹某倒拖磨
Bueh-tsai íng-kuè-á nā mài tshuā
欲知往過仔若莫娶
Āu-piah hué-kì kui-tuā-thua
後壁夥計規大拖

【注解】
- 夯枷：音 giâ-kê，把沉重的負擔攬在身上，引申為自找麻煩。
- 往過仔：以前。
- 後壁：後面。
- 契兄：情夫、姘夫。
- 幾若：好幾個。
- 拖磨：辛苦操勞。

- 夥計：姘婦。

【釋義】
看人嫁婿也要嫁
嫁錯郎君自戴加
早知先前莫嫁郎
後面姘夫好些個

看人娶妻也要娶
娶錯老婆反拖磨
早知先前如莫娶
後面小三一大堆

【賞析】
　　常言道：「做一途，怨一途。」婚姻上對另一方的迭有怨言更是永不落幕的戲碼。這裡兩首褒歌分別以男女不同的角度敘事相譏，手法卻如出一轍，呈現出「相褒」的某些場景。
　　先是女子出聲，說自己看到別人嫁作人婦，也對婚姻有了憧憬，沒承想所嫁非人活受罪。千金難買「早知道」，女子還是忍不住說早知道的話就不嫁人了，末句再補上「後壁契兄幾若个」，一副自信條件不差、炙手可熱。
　　男子不甘示弱反脣相譏，敘事的手法完全一致，覺得娶了老婆反而受到拖累，當初不討老婆的話，不愁沒有姘居的對象。

28. 稻仔佈落欉欉青

唸唱者：徐石金（男，72歲）
時間：2001.11.12
整理者：林金城

採錄者：林金城、朱金城
地點：金山（美田）
釋義、賞析：許亮昇

Tiū-á pòo lȯh tsâng-tsâng tshenn
稻仔佈落欉欉青
Tiū-tsháu bô tsáng suànn-mê-mê
稻草無摠散 mê-mê
Tuè tiȯh sin--ê kū ē mē
綴著新的舊會罵
Àm-thâu mē kah jī sann-kenn
暗頭罵甲二三更

Tiū-á pòo lȯh tsháu hó so
稻仔佈落草好挲
Tíng-khu phuà-tsuí ē-khu lô
頂坵破水下坵濁
Siūnn-bueh kah niû tsīn-sim hó
想欲佮娘盡心好
Hó kah jia̍t-sim tsiah lâi bô
好甲熱心才來無

【注解】
- 摠：抓成一把。
- 綴：指男女交往。
- 破水：將田岸掘開來引水或退水。

【釋義】
秧苗插落株株青

稻草未攏散零零
搭上新人舊人罵
黃昏罵到夜三更

秧苗播下草得拔
上畦掘水下畦濁
想要與妳盡情好
好到熱心才來終

【賞析】
　　農業社會稻米的耕種是最大宗的，故而以種田的種種農事興句自然是常見的褒歌手法。這裡兩首褒歌主題不同，手法則差異不大。前一首的一、二兩句分別寫「佈田」、「挲草」的事，後一首首句則綜述兩者，再寫引水灌溉時的情況，題材的相關讓上下兩首褒歌有種「組歌」的味道。

　　前一首的主題「綴著新的舊會罵」，寫有了新歡，舊人得知後怒不可遏，一罵就無法收拾的情形。不寫新人笑舊人哭的悲歡映襯，著眼在舊人詈罵不已的畫面，戲劇性的「笑」果十足。

　　後一首我們不妨視作鏡頭下的另一場景，就是敘事者對前一首褒歌中提及的那位「新人」示愛。「想欲佮娘盡心好，好甲熱心才來無」，頗有樂府詩裡「上邪！我欲與君相知，長命無絕衰。……乃敢與君絕」誓詞般的味道。兩首褒歌互為參照，更添民歌質樸的鄙趣。

29. 手提壽金佮連炮

唸唱者：徐石金（男，72歲）　　　　採錄者：林金城、朱金城
時間：2001.8.23　　　　　　　　　　地點：金山（美田）
整理者：林金城　　　　　　　　　　釋義、賞析：許亮昇

Tshiú thẻh siū-kim kah liân-phàu
手提壽金佮連炮
Lâi-khì biō-ú hē-guān-thâu
來去廟宇下願頭
Hē bueh hōo sin ko-á ta̍k mê kàu
下欲予新哥仔逐暝到
Hē bueh hōo kū ko-á tuīnn-lōo-thâu
下欲予舊哥仔斷路頭

Tshiú thẻh king-i kah gîn-tsuá
手提更衣佮銀紙
Lâi-khì guā-kháu hē lāu-tuā
來去外口下老大
Hē bueh hōo sin ko-á ta̍k mê uá
下欲予新哥仔逐暝倚
Hē bueh hōo kū ko-á hōo káu thua
下欲予舊哥仔予狗拖

【注解】
- 壽金：一種敬神的紙錢。
- 下願頭：求神拜佛。
- 逐暝：每晚。
- 斷路頭：不再來往。
- 更衣：給祖先或好兄弟的冥紙。
- 下：音 hē，許願。

- 老大：音 lāu-tuā，指老大公，孤魂野鬼。

【釋義】
手持壽金與連炮
來去廟宇祈神佛
祈願新人夜夜到
祈願舊人斷往來

手持更衣和銀紙
來到外頭祈老大公
祈願新人逐夜至
咀咒舊人被狗拖

【賞析】
　　「舊愛新歡」的糾葛永遠是感情世界不斷上演的戲碼，見證男女關係既複雜又脆弱。這裡上、下兩「葩」褒歌一唱再疊，同樣用直述的手法表達同樣的主題。

　　前一首褒歌中敘事的女子手裡拿著「壽金」、「連炮」等等來到廟寺祈願，願新人夜夜來到身旁，相反的祈願舊人此後「斷路頭」，彼此再無瓜葛。第二首敘事脈絡大致相同，兩首歌參照比較，便能發現褒唱者的功力。這回來到了外頭要拜老大公，「老大公」是陰廟奉祀的孤魂野鬼，所以備辦的是「更衣」和「銀紙」。兩首祈願的對象一鬼一神，頗有「神鬼交鋒」的趣味。

　　主題和上一首若合一契，希望新人夜夜依偎身邊。上一首對舊人還只是不想再有絲毫瓜葛，也算合乎人情。這回竟然是向老大公下願「舊哥仔予狗拖」，被狗拖意味「路旁屍」，也就是詛咒舊人橫死路邊、不得好死。回想兩人歡好時的耳鬢廝磨卿卿我我，豈不讓人毛骨悚然一身冷汗？

30. 月桃開花十外沿

唸唱者：徐石金（男，72歲）
時間：2001.8.23
整理者：林金城

採錄者：林金城、朱金城
地點：金山（美田）
釋義、賞析：許亮昇

> Ngė̇h-thô khui-hue tsa̍p-guā iân
> 月桃開花十外沿
> Tiánn-té bô iû kan-tann tsian
> 鼎底無油干焦煎
> Guá-niû-á bô ang kan-tann giàn
> 我娘仔無翁干焦癮
> Tsi̍t mê báng-tà tiu-tiu hian
> 一暝蠓罩丟丟掀

【注解】
- 月桃：音 ngė̇h-thô。
- 干焦癮：過乾癮。
- 蠓罩：蚊帳。

【釋義】
月桃開花十幾層
鍋底無油只乾煎
娘子無郎未過癮
一夜蚊帳頻頻掀

【賞析】
　　月桃花開潔白，味香晶瑩剔透，層層串疊十分清雅，是鄉間常見的即景，這裡以此興句。
　　次句「鼎底無油干焦煎」比興味道濃厚，暗喻褒唱對象心中的煎熬。
　　第三句「我娘仔無翁干焦癮」直抒主旨，疊字「干焦」讓音律有了覆

88

沓的效果，語意上還有無計可施的窘迫。「癮」字就更直白了。

　　「一暝蠔罩丟丟掀」生動又精準地捕捉到褒唱對象的鏡頭，呼應前一句的敘述，而不是作多餘的評論；這種手法很能體現褒歌謔而不虐的一面，有趣極了。

左起探錄者朱金城、徐石金先生、探錄者林金城（2001 林金城攝）

31. 為娘掛吊感風懶

唸唱者：徐石金（男，73歲）
時間：2002.1.17
整理者：林金城

採錄者：林金城、許亮昇
地點：金山（美田）
釋義、賞析：許亮昇

Uī niû kuà-tiàu kám-hong lán
為娘掛吊感風懶
Khòo-tuà sio-hu tsún lôo-tan
褲帶燒烌準爐丹
Khòo-tuà sio-hu tsiảh ē hó
褲帶燒烌食會好
Ioh-tiàm tsuán tsuí tsiảh tio bô
藥店賺水食都無

Uī niû kuà-tiàu kám-hong sàu
為娘掛吊感風嗽
Tsū kiò sin-senn khui ioh-thâu
就叫先生開藥頭
Nā ū tah-sim tah-kha-kàu
若有貼心踏跤到
Sin-senn bián kiò ioh bián pau
先生免叫藥免包

【注解】
- 感風懶：因感冒而身體不適。
- 烌：物質燃燒後的灰燼、粉末。
- 爐丹：香灰。
- 賺水食都無：連買水的錢都賺不到。
- 貼心：指愛人或親密的人。
- 踏跤到：到訪。

【釋義】
為妳掛心感風懶
褲帶燒灰當爐丹
褲帶燒灰治得好
藥店連水都賺無

為妳掛心感風寒
便叫醫生開藥單
如有貼心人來到
醫生免叫藥免包

【賞析】

　　這裡褒歌上下兩章同一主題，可以看成同一首褒歌的兩段，分別從不同的角度來訴說相思病難治，仙丹靈藥或高明的醫師開的處方，還不如心愛的人出現在身邊。

　　這首褒歌傳唱各地，文字率多大同小異，足見其普遍受到歡迎。而病相思無疑是歷久彌新永不褪流行的話題。

　　前一章寫人自己「感風懶」、身體倦怠疲懶，其實就是「為情傷風、為愛感冒」。而「褲帶燒烌準爐丹」意謂「為伊消得人憔悴，」敘事者也了解自己面對的問題，知道這樣下去不是辦法，所以才會「褲帶燒烌食會好，藥店賺水食都無」。

　　第二首再疊唱思君這個主題。有病求醫聽起來沒錯，只不過相思病無可救藥，能解的只有意中人的姿容倩影。「本尊」一駕臨，什麼風懶、風寒不藥而癒，那才是無可取代的「靈丹妙藥」啊！

32. 佈田相褒

唸唱者：徐石金（男，73歲）
時間：2002.1.17
整理者：林金城

採錄者：林金城、許亮昇
地點：金山（美田）
釋義、賞析：許亮昇

A-niû m̄ tuè pòo-tshân hiann
女：阿娘毋綴佈田兄
Pòo-tshân tshin-hiann tò-thè kiânn
佈田親兄倒退行
Ē-jit nā senn khiau-ku kiánn
下日若生曲痀囝
Pāi liáu kun-á gê miâ-siann
敗了君仔的名聲

A-niû m̄ tuè pòo-tshân lâng
男：阿娘毋綴佈田人
Pòo-tshân gê tsînn hiān-tang-tang
佈田的錢現噹噹
Tshiú thẻh ng-piánn siang-tshiú lāng
手提秧餅雙手弄
Siang-kha thè lȯh pòo gōo tsâng
雙跤退落佈五欉

【注解】
- 綴：指男女交往。
- 佈田：插秧。
- 曲痀：駝背。
- 提：拿。
- 現噹噹：領現金。
- 秧餅：成片狀的秧苗。

【釋義】
女：娘子不嫁插秧兄
插秧大兄倒退行
日後生個駝背兒
壞了郎君的名聲

男：娘子不嫁插秧兄
插秧的錢現噹噹
手提秧餅雙手弄
雙腳後退佈五檔

佈田農具：秧挑佮秧船（2002 林金城攝）

【賞析】

　　這裡男女相褒，展現茶園之外褒歌另一個常見的場域，和此類相褒的典型敘事結構及慣用手法。

　　背景明顯是務農的男子向心儀的女子示愛，女子戲謔但不失風度，委婉表白了拒絕的意思。第一句就直接說不了，也點出對方的工作，雖然看不出是自家的農務或專門代人插秧，插秧駝身逆行的形象鮮明映現。女子緊扣此一形象，戲謔婚後萬一生了個小孩天生駝背，豈不壞了對方名聲。

　　男子碰了個軟釘子，但也不好就訕訕離去更沒面子，只好反脣相褒，好歹保留點顏面。先疊唱女子褒唱的首句，同時也是主題所在，不過同樣是主語「阿娘」這時候已經變成了第二人稱稱謂。「佈田的錢現噹噹」表示別看插秧的模樣不好看，酬勞可是不少，有可能表示對方是專事代人插秧。插秧是極為勞累且高技術的工作，相應的酬勞高些也很合理。最後兩句則活靈活現把自己農田裡的絕活「示現」，趣味性十足。句中的「秧餅」又叫「秧盤」或「秧臺」，就是培育秧苗的基盤，從中再一株株佈植到田裡。現在一般都是機器「佈田」，除非耕種面積過小或地形難以機器施作，要看到烈日下彎著身子雙腳深陷泥濘水田裡後退插秧的畫面是相當難得的，那才能讓人深深體會「粒粒皆辛苦」這句話呢！

33. 近來的人遮奇巧

唸唱者：徐石金（男，73歲）
時間：2002.1.17
整理者：林金城

採錄者：林金城、許亮昇
地點：金山（美田）
釋義、賞析：許亮昇

Kīn-lâI gê lâng tsiah kî-khiáu
近來的人遮奇巧
A-niû tsio kun khùn í-tiâu
阿娘招君睏椅條
Í-tiâu khùn tsit-ē khōng-kha-khiàu
椅條睏一下吭跤翹
Bô-tshái kun-á tsit puah siâu
無彩君仔一缽潲

Pháinn-kiánn guá hìng niû mā hìng
歹囝我興娘嘛興
A-niû tsio kun khùn tsàu-tsîng
阿娘招君睏灶前
Siang-tshiú pan lâI siang-kha lìng
雙手扳來雙跤躘
Lìng tio̍h hué-hu phōng-phōng-ing
躘著火烌蓬蓬烌

【注解】
- 遮：這麼。
- 椅條：長板凳。
- 吭跤翹：因不穩而仰面跌倒頭腳朝天。
- 無彩：可惜。徒然、枉然。浪費。
- 潲：精液。
- 歹囝：講述者表示，歹囝是指行為放蕩。

- 興：興奮。
- 扳：用力拉。
- 蹱：踢。
- 著：達到某種狀況。
- 蓬蓬块：灰燼飛揚。

【釋義】
近來的人恁奇巧
姑娘邀我睡長椅
長椅翻倒腳朝天
浪費一缽我玉液

浪子我興娘也興
姑娘邀我睡灶前
雙手扳來雙腳蹱
蹱到灰燼煙蓬蓬

【賞析】
　　所謂「食色性也」，就生物學的角度而言，吃吃喝喝是維繫個體能量，生存的基本來源，而男女歡愛則是創造宇宙繼起生命的原始設計。只不過在禮教的大纛下，相關的話題不見容於大庭廣眾，卻不減其受關注的程度。特別是男性的褒唱者，也不乏這一類「色彩濃厚」題材的創作。要之「樂而不淫」，茲略存一二以為見證。

　　這首褒歌的敘事者是男子，上下兩章主題一致，寫男女歡愛的激動忘我。設定的場景一在「椅條」上，一在灶前，為褒歌「結局」的戲謔滑稽作鋪墊。前一首自然是長椅翻覆，第二首更是意外，灶裡的火爐被腳蹱到灰飛煙漫。語言生動，構思巧妙，趣味性高，褒唱者的功力可見一斑。至於具體的描寫且待諸君自行尋思臆想。值得一提的是主動邀約的一方設定皆為女子，這大概是維繫男人自尊的手法，恐怕和現實多所不符。

34. 崁腳大坪開炭空

唸唱者：郭童秀（女，90歲）
時間：2023.12.11
整理者：林金城

採錄者：林金城、郭秀芬
地點：萬里（瑪鍊）
釋義、賞析：許亮昇

> Khàm-kha Tuā-pênn khui thuànn-khang
> 崁腳大坪開炭空
> Ū tsò liû-lông thàu Ke-lâng
> 有做流籠透雞籠
> Ke-lâng koh khì Gû-tiâu-káng
> 雞籠閣去牛稠港
> Khí-tsuí lo̍h-tsuí Un-tsiu-lâng
> 起水落水溫州人

【注解】
- 炭空：專門開採煤礦的礦坑。
- 流籠：索道及其吊掛的裝載平台。
- 雞籠：基隆舊名。
- 牛稠港：原本是流入基隆港的一條小溪，因附近有人養牛、建築牛舍，故名。今為基隆海軍船塢。
- 起水：船舶入港卸貨。
- 落水：裝貨入船。
- 溫州人：基隆文史專家高旗表示：「早期基隆六號碼頭是專用炭埕，塗炭起落所在。愛用扁擔、畚箕擔較粗重，溫州人扶著做。」基隆六號碼頭附近就有溫州寮。城按：溫州人未必然講溫州話，溫州蒼南、平陽、南麂島等地講的是浙南泉系閩南語。

【釋義】
嵌腳大坪挖礦坑
架有流籠通基隆

基隆再過牛稠港
卸貨載貨溫州人

【賞析】
　　褒歌作為民間最為廣傳的流行小調，以其簡樸不假雕飾，可說是人人皆可歌。其題材自然也就包羅萬象。這首褒歌便是側寫紀錄了萬里礦業史的一頁。

　　褒歌從萬里崁腳大坪一帶開鑿礦坑說起，提及其間設置了許多流籠載運開採出來的煤礦到隔壁基隆港口，港口碼頭裝卸貨物的工人到處都是溫州人。

　　末句「起水落水溫州人」呈現出基隆碼頭卸載的熱鬧繁忙，也可見當時煤礦開採量頗鉅，人力需求大到須引進外來勞工。簡潔流暢的小調也能成為台灣歷史的小小註腳。

郭童秀女士(2023 林金城提供)

35. 中幅仔有設流籠柱

唸唱者：郭童秀（女，90歲）
時間：2023.12.11
整理者：林金城

採錄者：林金城、郭秀芬
地點：萬里（瑪鍊）
釋義、賞析：許亮昇

> Tiong-pak-á ū siat liû-lông-thiāu
> 中幅仔有設流籠柱
> Soh-á tsit-pîng phuah tsit tiâu
> 索仔一爿袚一條
> Lâng-lâng o-ló Jit-pún khiáu
> 人人呵咾日本巧
> Bô kha ē kiânn siāng giát-siâu
> 無跤會行上孽潲

【注解】
- 爿：邊、旁。
- 袚：披、掛。
- 呵咾：讚美、表揚。
- 孽潲：頑皮、作孽、惡作劇。

【釋義】
中幅設有流籠柱
纜繩一邊架一條
人人誇稱日本巧
無腳能走最奇妙

【賞析】
　　和上一首褒歌題材近似，談的是萬里一帶礦業興起有關的事物。主題依然是運送煤礦的「神器」──流籠。在地勢陡峭的山區或有溪谷的地方，交通行走本就是極其不便，更何況是須要搬送大量重物。這種利用高低位

差及重力來移動的載具自然令早前的民眾嘖嘖稱奇。電力普及後更是讓流籠的效益發揮到最大。無怪乎會頻繁地躍登褒歌裡當主角。

「索仔一片被一條」寫纜車的架設簡便又具往返的功效。「無跤會行上孽潲」俏皮又生動地點出纜車的特色,「人人呵咾日本巧」無疑反映出日本政府來臺殖民後帶來許多新奇的事物,從而也一新台灣人耳目。

郭童秀女士與採錄者郭秀芬(2023 林金城攝)

36. 挽茶查某枵鬼祭

唸唱者：郭童秀（女，90歲）
時間：2023.12.11
整理者：林金城

採錄者：林金城、郭秀芬
地點：萬里（瑪鍊）
釋義、賞析：許亮昇

Bán-tê-tsa-bóo iau-kuí-tsè
挽茶查某枵鬼祭
Gōo in kiâm-tshài tsò tsi̍t tshe
五絪鹹菜做一叉
Thâu-ke ē mē guá ē lé
頭家會罵我會詈
Lé kah tê-tsâng bē huat tê
詈甲茶欉袂發茶

【注解】
- 枵鬼祭：像餓鬼一樣狼吞虎嚥。祭：吃、祭五臟廟。是一種比較粗魯的說法。
- 絪：鹹菜一把叫一絪。
- 一叉：用筷子夾一次。
- 頭家：老闆、僱主。
- 詈：咒罵。

【釋義】
採茶姑娘餓鬼祭
五把鹹菜一次夾
老闆會罵我會詈
詈到茶樹不發芽

【賞析】
　　往昔由於交通不便，位處較僻遠或海拔較高的茶園多設有簡便工寮供

採茶女子於採茶期間住宿、伙食。這首褒歌罕見地側寫種茶產業裡勞資雙方的僱傭緊張關係。

　　褒歌起頭便以老闆的口吻鄙相譏諷採茶女子吃相如餓鬼狼吞，「五絪鹹菜做一叉」戲謔又形象化地誇飾女子貪吃。以敘事觀點的一致性而言，起頭兩句應該是採茶女子援引老闆常罵自己的句子來興發起句，也表達自己的不滿，繼而詛咒老闆茶樹長不好、沒得收成。這裡「詈」、「罵」並用，生動顯現台語語辭的豐饒。

37. 雞公若啼好煮飯

唸唱者：郭童秀（女，90歲）
時間：2023.12.11
整理者：林金城

採錄者：林金城、郭秀芬
地點：萬里（瑪鍊）
釋義、賞析：許亮昇

> Ke-kang nā thî hó tsí-pn̄g
> 雞公若啼好煮飯
> Oo-tshiu nā háu thinn tiō kuinn
> 烏鶖若吼天就光
> Tang-pîng thiah-ha̍h ko bueh tńg
> 東爿拆箬哥欲轉
> Ba̍k-bué sann-kuan sim tiō sng
> 目尾相觀心就酸

【注解】
- 烏鶖：大卷尾。是一種領域性很強的鳥禽，會攻擊鳶鳥等鷹類。在台灣農村裡常可以看到烏鶖停在水牛背上吃牛身上的牛蜱。
- 吼：鳥叫。
- 東爿：東邊。
- 拆箬：天剛剛拂曉，現出微弱光線。
- 觀：看。

【釋義】
公雞若啼得晨炊
烏鶖若鳴天就亮
東方拂曉兄欲歸
眼角相睇心酸酸

【賞析】
「情人怨遙夜，竟夕起相思」，相思的人怨得是長夜漫漫、難守空床，

而廟守的人怨得是太陽快昇東的「梨兒心中苦」。

　　這首褒歌疊用排比錯綜的手法反覆暗示就快天亮了，而天一亮情郎便得離開了，心中不捨的酸楚油然紙上。「東爿拆箬」用剝筍時竹皮剝去見到筍白來借代東方即將破曉天空「翻魚肚白」，可說是相當有味道的語辭。

　　起首的兩句常散見於其他的褒歌中，算是表現天亮慣用的套句。現代人不用說是烏鶖鳴吼的聲音了，都市成長的人恐怕連公雞司晨的啼叫聲聽都沒聽過，只能說社會生活型態的轉變實在是日新月異，或者說公雞們階段性任務已完成，可以功成身退了。

汐止社大講師林金城在萬里瑪鍊托老中心與長者分享相褒歌 (2023 郭秀芬攝)

38. 大隻牛仔細條索

唸唱者：郭童秀（女，90歲）
時間：2023.10.2
整理者：林金城

採錄者：林金城、郭秀芬
地點：萬里（瑪鍊）
釋義、賞析：許亮昇

Tuā-tsiah gû-á sè-tiâu soh
大隻牛仔細條索
Tuā-hàn niû-á sè-hàn ko
大漢娘仔細漢哥
Sī lí a-niû-á m̄ bat pó
是你阿娘仔毋捌寶
Kan-lȯk sè-liȧp khah gâu gô
干樂細粒較勢遨

【注解】
- 大漢：身材高大。
- 細漢：身材矮小。
- 毋捌：不懂。
- 干樂：陀螺。
- 勢：擅長於做某事。
- 遨：轉動、原地打轉。

【釋義】
壯碩牛隻細繩索
壯碩姑娘小隻哥
是妳姑娘不識寶
陀螺小粒較會轉

【賞析】
　　在男女關係上，不論是年紀或身型上的對比向來都能憑添許多戲劇性，

特別是女性顛覆一般性的巨大反差,在年齡或體型上輾壓男子。這首褒歌的趣味性即從此一角度切入,敘述者是男子,而且顯然是身材較為「秀珍」的一方。

也許是相褒的對象拿男子身材瘦小這一點譏諷或婉拒了男子的追求,男子詼諧地相褒打趣,讓整體氣氛呈現和樂諧趣的調性。

褒歌首句「大隻牛仔細條索,大漢娘仔細漢哥」,以映襯兼類疊的手法起頭,節奏輕快氣氛輕鬆。

第三句直陳論點「是你阿娘仔毋捌寶」一句話翻轉了彼此立場,佐證以「干樂細粒較勢趒」頓時讓相褒的場域洋溢著歡快的氣息。

郭童秀女士與林金城(2023 郭秀芬攝)

39. 手攑蠓捽仔欲拌蠓

唸唱者：蕭童吻（女，92歲）
時間：2014.6.18
整理者：林金城

採錄者：林金城、郭秀芬
地點：萬里（野柳）
釋義、賞析：許亮昇

Tshiú giả̍h báng-sut-á beh puānn-báng
手攑蠓捽仔欲拌蠓
Tshn̂g-lāi puānn kah báng khang-khang
床內拌甲蠓空空
Puānn hó báng-tà kín lâi pàng
拌好蠓罩緊來放
Tsiah bē tìng a-kun-á lí tsi̍t lâng
才袂叮阿君仔你一人

A-kun thuìnn-sann hōo niû tiàu
阿君褪衫予娘吊
Thinn-kuinn bueh tshīng khah bē jiâu
天光欲穿較袂皺
Kánn kóng m̄ kiann ē kiàn-siàu
敢講毋驚會見笑
Tshuì-nuā tinn-tinn hōo kun tsia̍h bē iau
喙瀾甜甜予君食袂枵

【注解】
- 蠓捽仔：驅趕蚊子的器具。
- 拌蠓：趕蚊子。
- 蠓罩：音 báng-tà，蚊帳。
- 褪衫：音 thuìnn-sann，脫衣。漳州腔。
- 見笑：羞恥、羞愧。
- 喙瀾：口水。

- 枵：音 iau，餓。

【釋義】
手持拂塵要驅蚊
床上驅到蚊蚋空
驅完蚊帳趕緊放
不教蚊子叮郎君

郎君寬衣我來掛
天明著衣不會皺
敢講不怕郎取笑
口水甜甜君飽嚐

【賞析】
　　蚊子叮咬害人奇癢無比、徹夜難眠，是最讓人懊惱痛恨蚊子的地方，在科技尚不發達的時代，大家只能各顯神通土法驅蚊，其中說到手段最悲壯、最感人熱淚的則非晉朝「恣蚊飽血」的吳猛小弟弟莫屬。小弟弟為了擔心蚊子叮咬讓父親睡不好，年幼的他竟然別出心裁，想到了自己先裸身餵蚊，讓蚊子吃到飽的方案，著實可歌可泣。
　　褒歌此處手執「蠓捽仔」驅蚊的女主角則是為了讓愛人安枕，先仔仔細細把蚊子趕跑，再迅速放下蚊帳，用心良苦同樣讓人讚歎。這裡兩段褒歌實屬同一首的上下集，敘述手法就是所謂「詩六義」中的「賦」，直陳其事。
　　下段期待的郎君來了，褒歌不拖泥帶水，直接就寬衣解帶進入正題。且慢，這女子心思細膩，不是任憑褪下來的衣衫隨手扔到一邊，而是披掛起來，天亮著衣才不至於皺巴巴的。
　　末尾終於好戲要登場了，「敢講毋驚會見笑」一句劇透了故事的高潮，那就是免不了廝殺一番。結尾「喙瀾甜甜予君食袂枵」，放在農村社會也夠駭人聽聞的，引人遐思更是不在話下了。

40. 茶仔幼幼罔來拈

唸唱者：蕭童吻（女，92歲）
時間：2014.6.18
整理者：林金城

採錄者：林金城、郭秀芬
地點：萬里（野柳）
釋義、賞析：許亮昇

> Tê-á iù-iù bóng lâi ni
> 茶仔幼幼罔來拈
> M̄-bián kā kun-á lí theh tsînn
> 毋免共君仔你提錢
> Kóng kah theh-tsînn bīn tiō pìnn
> 講甲提錢面就變
> Kan-lân siū-khóo lâi bueh-nî
> 艱難受苦來欲呢

【注解】
- 罔：姑且、將就。
- 拈：用手指輕輕地取物。
- 毋免：不必。
- 來欲呢：何苦來哉

【釋義】
茶葉嫩嫩且來摘
不必伸手討君錢
說到討錢便翻臉
艱難受苦何來哉

【賞析】
　　與此同一主題、表現手法的褒歌擷拾可見，合理推測這一主題反映了很多採茶女子遭遇的困境，以及選擇茶園工作的原因。
　　姑且不論相褒的兩人關係如何，可以確定的是男子出手不闊綽或甚至

「摳門」之外還常常對女子不假辭色。褒歌首句常是即事起興，寫採茶的諸般景況，然後直接切入主題。這首褒歌意思不外乎每次向「君仔」伸手要錢，總不免招來難看的臉色，可能這伸手要錢只是基於家用或娘家亟須幫忙，被給臉色甚至遭拒絕，女子心中的「艱難受苦」可想而知。所以鏡頭再拉回首句採茶的畫面，不直言或抱怨採茶的艱辛苦楚，也算是溫柔敦厚的表現風格吧！

蕭童吻女士與林金城 (2014 郭秀芬攝)

41. 四盆牡丹竚四位

唸唱者：蕭童吻（女，92歲）
時間：2014.6.18
整理者：林金城

採錄者：林金城、郭秀芬
地點：萬里（野柳）
釋義、賞析：許亮昇

>Sì phûn bóo-tan tshāi sì uī
>四盆牡丹竚四位
>Bô hong bô hōo hue bē khui
>無風無雨花袂開
>Tán-thāi sann-kenn tàng-lōo-tsuí
>等待三更凍露水
>Tàng tio̍h hue-sim tsiâu-tsiâu khui
>凍著花心齊齊開

【注解】
- 竚：豎立。
- 齊：音 tsiâu，全部、皆。

【釋義】
四盆牡丹置四方
無風無雨花不開
待到三更凝露水
潤著花心齊綻放

【賞析】
　　究其實花就是植物的生殖器官，又以其色澤、姿態、香味等等誘人的風韻與審美經驗令人迷戀，以至於詠花歌詩往往令人聯想到情感表現，或是更直接的情慾抒發。

　　這一首褒歌在題材上自然屬於詠物詩一類，主題是國色天香的牡丹。牡丹素有花王之稱，備受吟詠喜愛自不待言。然而，褒唱者顯然只是以牡

丹為喻，說的是缺乏愛情的滋潤，不論放置在那個方位自己的情竇都會如春扉緊掩、春帷不揭。

　　盆栽牡丹這裡放、那裡放，無非企求其早日花開，但是「無風無雨」，讓雍容牡丹怎樣也不開花，因此這裡的「無風無雨」就是借喻日子索然無味、一成不變。

　　後兩句的「三更凍露水」、「凍著花心齊齊開」，喻意其實就很明白了；東南西北四盆花齊放，搖曳春無限。至於如何「凍著花心」，便留待讀者自行遐想了。

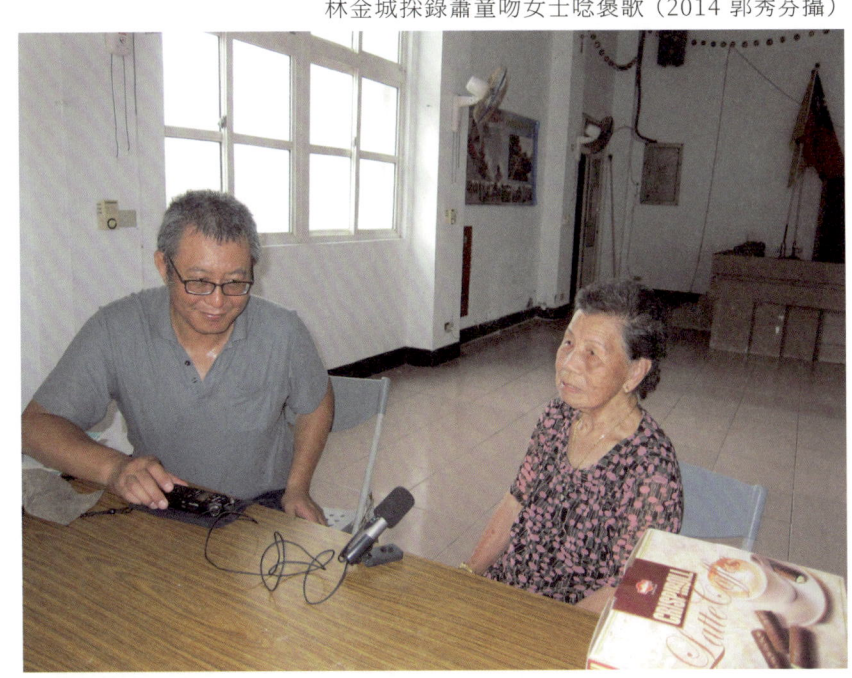

林金城採錄蕭童吻女士唸褒歌（2014 郭秀芬攝）

42. 作田阿君仔臭水管

唸唱者：蕭童吻（女，92歲）
時間：2014.6.18
整理者：林金城

採錄者：林金城、郭秀芬
地點：萬里（野柳）
釋義、賞析：許亮昇

> Tsoh-tshân a-kun-á tshàu-tsuí-kóng
> 作田阿君仔臭水管
> Tsoh-suann a-hiann tshàu-jit-hông
> 作山阿兄臭日癀
> Khui-hâng tsē-tiàm tsiah lâi kóng
> 開行坐店才來講
> Thó-hái a-kun-á bián phòng-hong
> 討海阿君仔免膨風

【注解】
- 臭日癀：身體曬過太陽的汗臭味。
- 開行坐店：開店做生意。
- 討海：出海捕魚。
- 膨風：吹牛。誇口說大話。

【釋義】
務農郎君臭水管
砍柴大哥全汗臭
開店行商才來說
討海郎君甭充胖

【賞析】
　　說是現實也無妨，俗謂「士農工商」，隱約也有階級排行的味道。這首褒歌沒有觸及「學而優則仕」的讀書人選項，倒是狠狠地反映了現實中「經商」才是資本主義社會中為人稱美且容易致富的一方。

首句評價務農的人，因農人經常泡在水田裡，身上自然有濃濃髒髒的泥水味，而此處「臭水管」指的是引水溝灌溉的水管臭味。

　　次句「作山阿兄臭日癀」中的「作山」一般指砍伐或撿拾柴薪的勞務。先別說是工具技術匱乏的往昔，即便今日受僱林務疏林的工人仍須耗費大量勞力，因此渾身汗臭成了概括的形象。

　　褒歌的首、次兩句以排比兼類疊的手法，明快地對農夫、樵夫作了一鎚定音的評價。

　　第三句直接點明意向，開出的婚嫁條件底價是「開行坐店」，注意這僅僅是門檻，再不濟也是個「頭家娘」。

　　末尾補了句「討海阿兄仔免膨風」也回絕了漁民這一途，「免膨風」三字透露了褒唱者既明白、又直率的態度。但細想，「討海人」除了艱辛和風險大，萬里、金山、石門這幾個沿海的鄉鎮，「捕魚為業」的人算得上「主流」，漁人「一攫千金」的故事也偶有聽聞，此處如或有「相」褒者，合理推測就是北海岸的漁民，他會如何反唇相褒，著實讓人好奇且期待呢！

43. 僥雄阿君轉去娶某

唸唱者：蕭童吻（女，92歲）　　　採錄者：林金城、郭秀芬
時間：2014.6.18　　　　　　　　　地點：萬里（野柳）
整理者：林金城　　　　　　　　　釋義、賞析：許亮昇

Hiau-hiông a-kun tuínn-ì tshuā-bóo
僥雄阿君轉去娶某
Phiàn niû-á beh khì siu-tsoo
騙娘仔欲去收租
Tsit pái hōo kun-á lí tam-gōo
這擺予君仔你耽誤
Āu-sì beh lâi-ì tshut-sì tsò tsa-poo
後世欲來去出世做查埔

Hiau-hiông a-kun khì hōo-âng-tsio
僥雄阿君去予人招
Phiàn niû-á lâm-hái khì tsō-kiô
騙娘仔南海去造橋
Tshiūnn tse tsiah hiông mā tsin tsió
像這遮雄嘛真少
Kuái-á pàng lóh tsiah kuè-kiô
柺仔放落才過橋

【注解】
- 僥雄：狠心的、兇狠無情的。
- 轉去：音 tuínn-ì，回去。漳州腔。
- 娶某：娶妻。
- 這擺：這次、現在。
- 後世：下輩子。
- 來去：去，ì 是 khì 省略聲母 kh。

- 查埔：男人。
- 予人招：入贅。hōo-ng 是「予人 hōo-lâng」省略了「la」。
- 枴仔放落才過橋：整句意思是,把用來抵住溪底的長木棍拿走了,才叫我過狹窄的獨木橋,即過河拆橋、忘恩負義。

【釋義】
負心郎君回娶妻
騙我說是去收租
這遭被你耽誤了
來生轉世當男人

負心郎君被招贅
騙我南洋去造橋
這般狠心著實少
棍杖拿掉教過橋

【賞析】
　　這首褒歌上下二段,語言直白、主題清楚,就是敘事女子遭人負心心有不甘的憤恨咒怨。雖說主題相仿,但語言的使用和所反映的時代背景、觀念上卻頗值得分析。
　　首段說狠心的負心漢返家娶妻,卻騙說是要去「收租」。收租顯然是地主階級的人才有的事,可見男子一開始的「人設」便是「田僑仔」之流的。另外也反映當時承租農作甚至分佃的情況應該是相當普遍的。
　　女子感情受挫、人生被耽誤了,無奈之餘竟然只是希望來生轉世為男人,就不會再被「男人」欺負了。男女性別不平、社會階級的差異之大可見一斑。
　　次段的負心漢則是拋棄所歡選擇入贅其他女人家,藉口卻是「南海去造橋」。南海就是南洋,指的是像菲律賓呂宋或馬來西亞的城市,反映的是當時去到南洋一帶的移工情況應該不少見。
　　三、四段則唱出了被拋棄的悲憤,詈言男子太過狠心、過河拆橋,意味為男子付出的一切都付諸流水,更讓自己日暮途窮、無路可走。除此之外,這首褒歌首段裡的「轉去」讀 tuínn-ì,是漳州的特有腔調,反映漳腔在北海岸石門萬里金山一帶的分佈。

44. 欲來唸歌解心悶

唸唱者：蕭童吻（女，92歲）
時間：2014.6.18
整理者：林金城

採錄者：林金城、郭秀芬
地點：萬里（野柳）
釋義、賞析：許亮昇

> Beh lâi liām-kua kái sim-būn
> 欲來唸歌解心悶
> Ḿ sī liām-kua beh siânn kun
> 母是唸歌欲唌君
> Thiann kua ê lâng thiann hōo i tsún
> 聽歌的人聽予伊準
> Ḿ-bián kā guán pun-sin-bûn
> 母免共阮分新聞

【注解】
- 唸歌：唱歌。
- 唌：引誘。
- 母免：不必。
- 分新聞：指散佈訊息。

【釋義】
要來唸歌解心悶
非是唸歌誘引君
聽歌的人聽分明
不必幫我傳新聞

【賞析】
　　「欲來唸歌解心悶」褒歌首句便自證了吟詠歌詩足以「暢敘幽情」的功用。次句不忘補充說「母是唸歌欲唌君」，意味歌中或有傳情寫意，內容容易惹人遐想的地方，斷非自己有意逗引聽者，聽者切莫多想。第三句

116

再次要求聽者且洗耳恭聽個分明,就怕好事之徒「聽一个影,生一个囝」,「無影無一迹」的事也如新聞般的不脛而走了。

　　台語中「呧」字饒富聲情,和「涎」字可謂同一語源。歌詞裡雖再三否認是要「呧君」,說不準更讓聽者心癢難耐。我很好奇接下來究竟褒了些什麼樣的歌?如能一併錄輯,那一定是有趣極了。

蕭童吻女士以貝殼製作的動物擺飾(2014 林金城攝)

45. 一欉好柴是石柳

唸唱者：蕭童吻（女，92歲）
時間：2014.6.18
整理者：林金城

採錄者：林金城、郭秀芬
地點：萬里（野柳）
釋義、賞析：許亮昇

> Tsit tsâng hó tshâ sī tsio̍h-liú
> 一欉好柴是石柳
> Tsit tsiah hó tsiáu sī oo-tshiu
> 一隻好鳥是烏鶖
> Oo-tshiu heh tsāi tsio̍h-liú-tshiū
> 烏鶖歇在石柳樹
> Lāi-hio̍h-á m̄ kánn lâi tsia iû
> 鵁鴒仔毋敢來遮遊

【注解】
- 柴：木材。
- 石柳：台灣黃楊。
- 烏鶖：大卷尾，禽鳥類。是一種領域性很強的大型鳥禽，會攻擊鳶鳥等鷹類。
- 歇：音 heh，停止、休息。漳州腔。
- 鵁鴒仔：老鷹。
- 毋敢：不敢。
- 遮：這裡。

【釋義】
一棵好木是黃楊
一隻好鳥是烏鶖
烏鶖歇在黃楊樹
老鷹不敢到此遊

【賞析】

　　黃楊樹是常綠灌木，以其生長緩慢，所以木質堅韌、紋理緻密而有光澤；又色黃如象牙，經久顏色漸深有古樸味，是雕刻或梳子、象棋、印章一類小物上深受歡迎的材質。這首褒歌以黃楊木的別稱「石柳」登場，也開宗明義道出石柳是好柴此一特性。

　　次句用排比兼類疊的常見手法，讓兇巴巴的大卷尾也登場，而且一樣用「好鳥」來評價烏鶖。一般稱好鳥指的是有「好音」之類的黃鶯等等，烏鶖叫聲呱噪尖促難聞，何來「好鳥」之謂？

　　第三句「烏鶖歇在石柳樹」，讓一、二句巧妙地統合，也讓褒歌更有了畫面。第四句答案揭曉，原來烏鶖大爺來此停駐，連黑鳶都會退避三舍未敢造次，家裡的小雞小鴨們可免死於非命，看似不起眼的烏鶖這種地域性強的攻擊性，就成了人們眼中的「益鳥」了。

　　日本有個有趣的姓叫「小鳥遊」，讀作「たかなし」，意思就是「沒有（なし）老鷹（たか）」所以小鳥自然就能悠遊自在了。這首褒歌「たかなし」則是因為「烏鶖歇在石柳樹」，其結果大異其趣卻相映成趣，想起來就覺得有趣極了。

46. 神明有興共伊下

唸唱者：蕭童吻（女，92歲）
時間：2014.6.27
整理者：林金城

採錄者：林金城、郭秀芬
地點：萬里（野柳）
釋義、賞析：許亮昇

Sîn-bîng ū hing kā i hē
神明有興共伊下
Tsı̍t kin tshài-uánn sann au tê
一斤菜碗三甌茶
Hē beh kah kun-á hó thàu-té
下欲佮君仔好透底
Bîng-hoo-bîng-tshiàng bô uānn gê
明呼明唱無換个

Tshiú gia̍h tshing-hiunn ū tsı̍t pé
手攑清香有一把
A-hiann khah-tsió niû khah-ke
阿兄較少娘較加
Beh lâi tsiù-tsuā kah ji̍p-sè
欲來咒誓佮立誓
Lán to̍h hó kah thâu-môo tshuì-tshiu pe̍h
咱著好甲頭毛喙鬚白

【注解】
- 下：許願。
- 菜碗：祭拜用的素食或糕餅、水果。
- 明呼明唱：明確口頭約束。
- 攑：拿。
- 咒誓：發誓、立誓。
- 立誓：唸唱者「立」字讀 ji̍p，「立誓」誤為「入誓」。金山徐江月女

士亦有此現象，請參閱《金山相褒歌》，2003 林金城、許亮昇 編著，p.90。
- 喙鬚：鬍鬚。

【釋義】
神明有靈願來許
一斤菜碗三甌茶
許欲與君長廝守
明確誓約不別戀

手持清香握一把
阿兄較少娘較多
欲來咒誓和立誓
我倆偕老到白頭

【賞析】
　　這兩段褒歌一唱再疊，寫的是女子對愛情的誓言。在法律尚無從規範的階段裡，似乎在神明面前發誓是最能表明心迹、「保障愛情」的舉措了。
　　拜神許願不免要供品酒水和持香，供品則有葷食的「牲醴」和素食的「菜碗」之別，這裡是備辦菜碗茶水。台語煮過的開水也叫做「茶」，未必得是茶葉沖泡的「茶」。褒歌只說神明「有興」，並未說明拜的是何方神聖。上下兩段寫兩人虔敬地在神明前立誓，敘事的女子立誓要與一旁的「君」長相廝守、白頭偕老。語言不假雕飾、平實無華，情感真摯，很能表現民歌直樸的特色。至於次段次句「阿兄較少娘較加」未必指兩人持香的炷數不同，也可能指男方的年紀還比女方小，那就更無怪乎女子要虔誠立誓，請求神明當兩人愛情的見證了。

47. 房間咒誓全無聖

唸唱者：蕭童吻（女，92歲）
時間：2014.6.27
整理者：林金城

採錄者：林金城、郭秀芬
地點：萬里（野柳）
釋義、賞析：許亮昇

Pâng-king tsiù-tsuā tsuân bô siànn
房間咒誓全無聖
Nā beh tsiù-tsuā muî-kháu-tiânn
若欲咒誓門口埕
A-kun sing hiau sí bóo-kiánn
阿君先僥死某囝
Guá niû-á sing hiau sí khè-hiann
我娘仔先僥死契兄

【注解】
- 咒誓：發誓。
- 聖：音 siànn，靈驗。
- 埕：音 tiânn，庭院、廣場。
- 僥：音 hiau，負心、背叛。
- 契兄：情夫、姘夫。

【釋義】
房間咒誓不靈驗
如要咒誓大門口
郎君違誓死妻兒
若我違誓死姘頭

【賞析】
　　台語有一句俗話：「咒誓予別人死。」這首褒歌恰能詮釋上述俗話的荒謬，有一種別樣的黑色幽默。

此處褒歌的敍事者無疑是位女人。似乎是女人的姘頭在房間裡誓言自己對感情的矢志不渝，看來也頗有閱歷的女人則不信這一套，認為房間裡的誓言全無用處，要發誓至少也要在門口大庭廣眾之下「當天咒誓」。

　　有趣的是三、四句的誓言，說若男人先背叛這段感情，其妻兒就會不得好死，如或女人先負心別抱則如何？那她的「契兄」就會死翹翹。其實歌中男女的關係應該也是「不正常」的，那獻祭的「契兄」也可以雙關為身邊立誓的男人。細思起來，男人應該也會不寒而慄吧！

48. 日本起山戴白帽

唸唱者：蕭童吻（女，92歲）
時間：2014.6.27
整理者：林金城

採錄者：林金城、郭秀芬
地點：萬里（野柳）
釋義、賞析：許亮昇

> Ji̍t-pún khí-suann tì pe̍h bō
> 日本起山戴白帽
> King-thâu phāinn tshìng tshiú gia̍h to
> 肩頭揹銃手攑刀
> A-kun lia̍h khì niû huân-ló
> 阿君掠去娘煩惱
> M̄ tsai ū tsia̍h ia̍h-sī bô
> 毋知有食抑是無

【注解】
- 起山：登陸、上岸。
- 揹：背。
- 掠：捉。
- 抑是：或者、或是。

【釋義】
日軍登陸戴白帽
肩頭揹槍手持刀
郎君被俘娘煩惱
不知有吃抑或無

【賞析】
　　這首褒歌的特殊之處在於提到了日本乙未登臺的背景，距今約有一百三十年，可謂歷史久遠。
　　頭兩句寫日人的裝扮，引人側目的是頭戴顯眼的白帽此一特色，兩句

白描敘事，是褒歌常見的手法。「起山」一詞指甲午戰後翌年日本依馬關條約的協定登台接收，「起山落海」，詞語有古風。

第三句寫郎君被日人徵召或拘留等等，究竟是什麼樣的背景或事情文本並未交代，我們當然不得而知。敘事者因為郎君被日人「掠去」而擔憂煩惱自然不在話下。「毋知有食抑是無」憂心掛念的切入點依舊是「吃飯」一事，說到底「食飯皇帝大」，能好好吃上飯的話，似乎很多事情就能教人安心不少。

蕭童吻女士畫作「養雞人家」獲「臺北縣第二屆樂齡藝術作品展」優等獎

（2014 林金城攝）

49. 腹肚一下枵兩三陣

唸唱者：蕭童吻（女，92歲）
時間：2014.6.27
整理者：林金城

採錄者：林金城、郭秀芬
地點：萬里（野柳）
釋義、賞析：許亮昇

Pak-tóo tsē iau nn̄g sann tsūn
腹肚一下枵兩三陣
Tann-thâu tsē khuànn bô hué-hun
擔頭一下看無火薰
Thâu-ke in bóo kah lâng khùn
頭家𪜶某佮人睏
Sann-tuìnn tuè lâng bô tsiâu-ûn
三頓綴人無齊勻

Pak-tóo tsē iau sì gōo pái
腹肚一下枵四五擺
Thâu-ke puīnn-tànn iá-buē lâi
頭家飯擔猶未來
Hōo guán pē-bó thàm-thiann tsai
予阮爸母探聽知
Āu-pái m̄ kánn hōo guán lâi
後擺毋敢予阮來

【注解】

- 一下：音 tsē，tsit-ē 的合音。
- 枵：餓。
- 擔頭：抬頭。
- 火薰：炊煙。
- 頭家：老闆、雇主。
- 綴：跟。

- 齊勻：持續不斷。
- 猶未：尚未。
- 後擺：下次、以後。

【釋義】
肚子一餓兩三陣
攑頭一看沒炊煙
老闆老婆找小王
三餐拖累不正常

肚子一餓四五回
老闆飯擔猶未來
咱家爹娘若探知
下回不敢讓我來

【賞析】
　　採茶或其他農務、砍柴之類是密集的勞力工作，受僱者又多屬正值發育的少年男女，更何況「食飯皇帝大」，所以供餐不按時或飯菜簡陋可以說是犯了職場大忌。相褒「哭枵」的主題經常躍上歌謠自然也就不足為奇。
　　這裡兩段褒歌疊唱，主題同一、訴求有別，上下歌詞押不同韻腳，語言修辭上又能脈絡連貫，整體風格諧謔風趣，是饒富欣賞性的佳作。
　　兩段首句就開始「哭枵」，腹飢「大腸告小腸」其實就是腸胃蠕動發出訊號，提醒身體的主人該進食了。「一下枵兩三陣、四五擺」有數字的鑲嵌又有層遞的效果，在在表現肚子愈來愈餓了，也愈來愈難忍受了。
　　首段寫肚子已經餓一陣子了，如果是飯快炊熟了還能忍受，結果攑頭一瞧了無炊煙，咒罵起都是老闆娘外面有姘頭，才會讓我「三頓綴人無齊勻」。咒罵老闆娘未必是控訴真有其事，而是一方面反映此非「偶發事件」，另一方面也在譏諷老闆難辭督導（供餐）不周的責任。
　　次段承續前章，飢腸抗議的轆轆愈發難耐。這回問責對象直指老闆，昔時農忙，率多是僱主一方負責將飯菜挑送到農地。剛剛是遠眺了無炊煙，又過了這麼許久，猶未見老闆挑擔前來的身影。這次用另一個角度訴求，說爹娘若是打聽到這種三餐不正常的情況，肯定是捨不得再教我來幫傭了。畢竟，大多人辛勤勞力不過圖個溫飽，這麼重要的事怎可等閒視之呢？

50. 號頭約佇竹篙叉

唸唱者：蕭童吻（女，92歲）
時間：2014.6.27
整理者：林金城

採錄者：林金城、郭秀芬
地點：萬里（野柳）
釋義、賞析：許亮昇

Hō-thâu iak tī tik-ko-tshe
號頭約佇竹篙叉
Sann-á nê kuân khòo nê kē
衫仔晾懸褲晾低
A-kun beh lâi tȯh tsú-sè
阿君欲來著仔細
Guán tshù giâm ang pháinn tuā-ke
阮厝嚴翁歹大家

Hō-thâu iak tī tik-ko-tíng
號頭約佇竹篙頂
Tik-ko sann-á nê tò-pîng
竹篙衫仔晾倒爿
A-kun beh lâi m̄ tsai king
阿君欲來毋知間
Tuà tī tsiànn-sin liân hōo-lîng
蹛佇正身連護龍

【注解】
- 號頭：暗號、記號。
- 竹篙叉：曬衣服的竹竿座。
- 晾：音 nê，把東西吊掛起來曝晒，或置於通風處使其乾燥。
- 懸：高。
- 大家：音 tuā-ke，婆婆，丈夫的母親。漳州腔。
- 倒爿：左邊。

- 蹛：住。
- 正身：正房。舊式三合院房屋的中心建築部分，正中間是大廳，兩邊是「正房」，供大房、二房住。
- 護龍：廂房。傳統三合院或四合院左右兩旁的廂房。

【釋義】
記號約在竹竿座
衣衫晾上褲晾下
郎君要來得仔細
咱家夫嚴婆婆兇

記號約在竹竿頂
竹竿衣衫晾反面
郎君要來不知處
住在正房連廂房

【賞析】
　　褒歌裡關於幽會的主題屢見不鮮，相當程度上應該是反映了現實中的某些民情風俗。這類主題的褒歌裡「號頭」是「定番」的道具，猶如哆啦A夢的百寶口袋，開啓了一篇篇的故事。

　　本章褒歌兩段一式，典型一唱再疊的形式。兩段章法無異，可以一併論述。這邊開宗明義便道出「號頭」設置的所在之處，次句則是「號頭」的設置方法。這種麻煩又隱晦的手法在手機通訊如此多元便捷的今天，實在是讓人難以想像。

　　三、四句一般而言都是褒歌的主題或重點所在。前一首重點在提醒情郎要「戒慎恐懼」，切莫興奮過了頭而輕忽，萬一行跡敗露，家裡不僅有嚴厲的丈夫，還有兇悍的婆婆呢！

　　次一首則是告知自己的住處，「正身連護龍」指的應該是大廳旁側鄰近廂房的房間。這裡的褒唱重點在示意傳情，確切的住所當然是無關宏旨。

51. 一隻船仔頭尖尖

唸唱者：蕭童吻（女，92歲）
時間：2014.6.27
整理者：林金城

採錄者：林金城、郭秀芬
地點：萬里（野柳）
釋義、賞析：許亮昇

Tsi̍t tsiah tsûn-á thâu tsiam-tsiam
一隻船仔頭尖尖
Sái khì Tn̂g-suann beh tsài iâm
駛去唐山欲載鹽
A-kun tshuē niû bē tsáu-siám
阿君揣娘袂走閃
Guá niû-á tshuē hiann hái bong-tsiam
我娘仔揣兄海摸針

【注解】
- 唐山：早期台灣民間稱中國為「唐山」。
- 揣：找。
- 走閃：閃避、閃躲。

【釋義】
一艘船隻頭尖尖
駛到唐山要載鹽
郎君相尋我不躲
我尋郎君海撈針

【賞析】
　　這首褒歌主題相當清楚，只不過題材稍稍別於傳統的「閨怨詩」，我們不妨視之為閨怨詩的「外一章」。
　　先從點出主題的三、四兩句來看，兩句用排比、類疊甚至有「回文」味道的句式「阿君揣娘 vs. 我娘揣君」，映襯出雙方態度的雲泥之判，濃

烈的「怨」也就油然而生了。

　　起興的兩句也相當有趣。「一隻船仔頭尖尖，駛去唐山欲載鹽」可以看作是當時流行的常見套句，反映的背景是清領時期雙桅、三桅戎克船往來穿梭台海貿易的盛況。

　　「鹽」無疑是重要的商品，台灣當年的食鹽是否猶不能自給自足，尚須進口？這不是賞析的重點，姑且不論。或許可以參照的是「前月浮梁買茶去」那個「重利輕別離」的商人，又或者只是協韻增句罷了。重點還在兩性在舊社會的諸多差異，男人要變心的確是容易多了。

52. 烏薰食牢半暝後

唸唱者：蕭童吻（女，92歲）
時間：2014.6.27
整理者：林金城

採錄者：林金城、郭秀芬
地點：萬里（野柳）
釋義、賞析：許亮昇

> Oo-hun tsiảh-tiâu puànn-mê āu
> 烏薰食牢半暝後
> Khì kah tshài-huînn tshài luān khau
> 去甲菜園菜亂薅
> Hōo lâng liảh-khì pảk-iap-āu
> 予人掠去縛揜後
> Thinn-kuinn tsē khuànn oo-hun-kâu
> 天光一下看烏薰猴

【注解】
- 烏薰：鴉片。
- 薅：從土中拔除花草類的植物。
- 縛揜後：雙手置於背後細綁。
- 一下：合音唸音 tsē，tsit-ē 的合音。
- 烏薰猴：鴉片鬼。吸食鴉片者皆骨瘦如柴，活像隻猴子。

【釋義】
鴉片上癮半夜過
去到菜園菜亂拔
被人縛去手反綁
天亮一看鴉片鬼

【賞析】
　　中國素以「鴉片戰爭」為口實，大肆渲染其積弊不振、國家危難困頓都是「阿啄仔」的狼子野心。實則研究中國國內鴉片種植、販賣乃至輸出

的歷史就會發現毒害自己國人、從中大撈油水的正是滿清、國民政府和中國共產黨，此是後話。

　　言歸褒歌，這裡正是借著即興的唸謠來譏諷、「鄙相」吸食鴉片成癮的人，時代背景當是晚清到日治前期。癮君子一番吐霧吞雲之後想必是飄飄欲仙，渾不辨日月盈昃北南西東，胡搞瞎搞應該是司空見慣的事。褒歌中成癮的男主角惹出的禍說起來算是「情節輕微」，不過就是「去甲菜園菜亂薅」，饒是如此一番騷動下場則是「予人掠去縛捔後」，這種狼狽的模樣較諸「俯首繫頸」也相差無幾了。

　　故事還沒結束，大半夜又是一番混亂折騰之後，眾人只是將禍首繩之以法，尚未看清肇事者的「廬山真面目」。待到天亮眾目睽睽，原來就是個瘦骨如柴的鴉片鬼。這首褒歌語言活潑道地、敘事生動有趣，主題也相當「政治正確」，筆者認為是很能用作推廣褒歌的絕佳範例之一。

53. 野柳風光

唸唱者：蕭童吻（女，92歲）　　　採錄者：林金城、郭秀芬
時間：2014.6.18、2014.6.27　　　地點：萬里（野柳）
整理者：林金城　　　　　　　　　釋義、賞析：許亮昇

Guá sī tsāi-tuà Iá-liú lāi
我是在蹛野柳內
Iá-liú hong-kíng-khu ta̍k-ke tsai
野柳風景區逐家知
Miâ-siann hong-tōng tsuân-sè-kài
名聲轟動全世界
Ji̍t-pún Bí-kok ê lâng lóng ē lâi
日本美國的人攏會來

Tāi-sing thiah-phiò ji̍p lāi-té
代先拆票入內底
Lāi-té mā ū tsio̍h-í-toh thang-hó tsē
內底嘛有石椅桌通好坐
Beh khuànn hong-kíng ài siông-sè
欲看風景愛詳細
Hái-kinn mā ū Sian-lí-ê
海墘嘛有仙女鞋

Beh khuànn Iá-liú gê hong-kíng
欲看野柳的風景
Guá tō kā lí kóng tsìng-king
我就共你講正經
Tse sī tsio̍h-thâu tsū-jiân-sìng
這是石頭自然性
Mā ū Sian-thô kah Tsio̍h-ling
嘛有仙桃佮石奶

Ta̍k-uī gê lâng mā lâi-kàu
逐位的人嘛來到
Tsuan-kang beh khuànn Lú-ông-thâu
專工欲看女王頭
Thinn-kuinn nā lâi kah e-tàu
天光若來甲下晝
Ta̍k-ke sńg kah kuānn ná lâu
逐家耍甲汗那流

Ta̍k uī gê lâng mā lâi khuànn
逐位的人嘛來看
Tsuan-kang beh khuànn Tsio̍h-tāu-kuann
專工欲看石豆乾
Mā ū tiān-iánn hōo lín khuànn
嘛有電影予恁看
Beh tsò Iá-liú Ku-thâu-suann
欲做野柳龜頭山

Lāi-té hong-kíng ta̍k hāng ū
內底風景逐項有
Mā ū Sian-lí kah Tsio̍h-gû
嘛有仙女佮石牛
Mā ū Si-kue Huan-á-tshù
嘛有西瓜番仔厝
Hái-kinn tsi̍t tsiah Tsio̍h-thâu-ku
海墘一隻石頭龜

Beh khuànn hong-kíng to̍h kuè suann-āu
欲看風景著過山後
Mā ū si-kue kah liông-thâu
嘛有西瓜佮龍頭
Mā ū Tsio̍h-tshù kê muî-kháu
嘛有石厝抨門口

Jī-sì-hàu-suann tih Ku-thâu
二四孝山咧龜頭

Lāi-té hong-kíng ū-iánn suí
內底風景有影媠
Si̍t-tsāi ná khuànn ná kóo-tsui
實在那看那古錐
Mā ū tsio̍h-thâu gê ke-thuí
嘛有石頭的雞腿
Tsit tsiah niau-kang tshuì khui-khui
一隻貓公喙開開

Sian-lí kè-tsng kah tuā-kiànn
仙女嫁粧佮大鏡
Mā ū im-ga̍k gê khîm-siann
嘛有音樂的琴聲
Tsio-tsio lâi khuànn tsiah ē tsai-iánn
招招來看才會知影
Ta̍k lia̍p tsio̍h-thâu to ū hō-miâ
逐粒石頭都有號名

Mā ū siàu-liân ê Tshing-liân-tōng
嘛有少年的青年洞
Mā ū tsio̍h-thâu gê tiān-hong
嘛有石頭的電風
Tse-sī ū-iánn guá tsiah ū kóng
這是有影我才有講
M̄ sī hau-siâu tih pûn phòng-hong
毋是嘐潲咧歕膨風

Tse sī thian-jiân m̄ sī tsò
這是天然毋是做
Mā ū tsio̍h-thâu gê ing-ko

嘛有石頭的鸚哥
Ta̍k-ke lâi khuànn mā o-ló
逐家來看嘛呵咾
Tan ū Iá-liú tsiah ū pa̍t-uī bô
單有野柳才有別位無

Lāu-lâng thiann kua tsia̍h pah-jī
老人聽歌食百二
Gín-á thiann kua gâu tha̍k-si
囡仔聽歌势讀書
Tsa-bóo--ê thiann kua kiû hue-hí
查某的聽歌求花喜
Tsa-poo--ê thiann kua tuā-thàn-tsînn
查埔的聽歌大趁錢

Kua-á tuì tsia beh tshé-pái
歌仔對遮欲扯擺
Kìng-tshiánn lia̍t-uī tsiòng hing-tâi
敬請列位眾兄台
Lí nā tńg-khì lín sóo-tsāi
你若轉去恁所在
Ta̍k-ke pîng-an tuā huat-tsâi
逐家平安大發財

Kua-á tuì tsia tshé tú-hó
歌仔對遮扯拄好
Kìng-tshiánn lia̍t-uī pîng-iú ko
敬請列位朋友哥
Lí nā tńg-khì lín tē-hō
你若轉去恁地號
Ū-îng tsiah lâi gún Iá-liú thit-thô
有閒才來阮野柳迌迌

【注解】
- 拆票：買票。
- 海墘：海邊。
- 逐位：每個地方。
- 專工：特地、專程。
- 抐：阻擋、塞住。
- 媠：漂亮的、美麗的。
- 古錐：可愛。
- 喙：嘴。
- 嘮潲：虛妄、誇張。
- 歕膨風：吹牛。
- 呵咾：稱讚、讚美。
- 求花喜：祈求懷孕生子。
- 趁錢：賺錢。
- 扯擺：打住、告一段落。
- 扯拄好：同扯擺。
- 迌迌：遊玩。

【釋義】
我家住在野柳區
野柳風景眾所知
名聲轟動全世界
日本美國人都來

首先買票進園區
內有石桌椅可坐
欲覽風景得仔細
海邊且有仙女鞋

要看野柳的風景
我就同你說分明
這是石頭自然性
且有仙桃和石乳

野柳奇石（2023 林金城攝）

八方雲集人都到
專程要看女王頭
天亮進來至下午
眾人玩到汗直流

八方雲集人來看
專程想看石豆干
也有影片來解說
介紹野柳龜頭山

裡頭風景樣樣有
還有仙女與石牛
也有西瓜原民屋
海邊一隻石烏龜

要看風景翻過山
另有西瓜及龍頭
又有石屋擋門口
廿四孝山在龜頭

裡頭風景真的美
實在愈看愈可愛
也有石頭的雞腿
一隻公貓嘴開開

仙女嫁粧與大鏡
還有音樂的琴聲
相約來看才知曉
顆顆石頭有名號

也有少年青年洞
也有石頭電風扇

句句屬實我才講
不是瞎扯吹牛皮

此皆天然非人工
另有石頭的鸚鵡
大家來看都誇讚
野柳僅有別處無

老人聽歌壽百二
小孩聽歌會讀書
女人聽歌求有孕
男人聽歌賺大錢

歌謠至此告段落
敬請諸位眾兄台
您若回到貴寶地
大家平安發大財

歌謠到此來打住
敬請列位朋友哥
您若回到家鄉去
有空再來咱野柳

【賞析】

　　「你若來台東，請你斟酌看，出名鯉魚山，也有……」膾炙人口、由歌手沈文程作詞作曲〈來去台東〉一歌裡，我們不難發現若干表現的手法與本褒歌雷同，都是以在地人的口吻，極力向來自外地的客人介紹當地的名勝特產乃至對風土人情大肆褒美一番。這種鋪陳的敘事手法，正是典型的「賦」以成篇。

　　這首介紹野柳風景區的地質奇觀，側重海蝕風化諸般作用下，猶如造物者的鬼斧神工。野柳便是以這些星羅棋布的奇岩怪石一躍而上了國際舞臺，成了遐邇聞名的觀光勝地，其中更以肖似英國前國王伊莉莎白二世的「女王頭」最富盛名。只不過「女王頭」近年屢屢上了媒體版面，內容不

外乎「女王」不敵時間的摧殘而岌岌可危,以及相關機構可能採取的預防措施。

　　這首唸歌繁複臚列園區內的眾多景點,下回有機會可以「按圖索驥」一番。野柳風景區(就是現在的「野柳地質公園」)是很多人的兒時回憶,當然也很歡迎來賓玩得開心。所以唸歌結尾都是些祈福祝禱的「好聽話」,這也是此類唸謠的固定套式呢!

汐止社大「萬金石褒歌(民間文學)」課程野柳地質公園踏查(汐止社大提供)

54. 香果好食搖玲瓏

唸唱者：李林清香（女，92歲）
時間：2023.12.15
整理者：林金城

採錄者：林金城、郭秀芬
地點：萬里（大埔）
釋義、賞析：許亮昇

Hiang-kó hó-tsia̍h iô lin-long
香果好食搖玲瓏
Sió-khenn tuì-tsē A-lí-pông
小坑對坐阿里磅
A-hiann m̄ lâi sī lí gōng
阿兄毋來是你戇
Guán tau sì-kha-bîn-tshn̂g kuà jia-hong
阮兜四跤眠床掛遮風

【注解】

- 香果：蒲桃，桃金孃科，學名：Syzygium jambos（L.）Alston。俗名：香果（hiang-kó）、風鼓（hong-kóo）、Rose Apple。果實似蓮霧，可生食。
- 阿里磅：音 A-lí-pông，位於新北市石門區，為平埔語譯音，原意一說是「染布坊」。
- 遮風：舊式床三邊的圍木欄曰遮風，另一邊是出入口。

【釋義】
香果好吃玲瓏搖
小坑對面阿里磅
兄台不來是你傻
我家四腳大床附遮欄

香果（林金城攝）

【賞析】
　　香果一名蒲桃，以其氣味芳香得名，吃起來微甘甜，只是稍乾澀，解

142

饞尚可,難以「上市」。又其結果狀如鈴鐺成串,在本首褒歌裡成了起興的句子。

　　次句講述小坑對向是阿里磅(即石門的舊稱),這類以當地地號名的相對地理位置來湊句的手法也是相褒歌的趣味與特色之一。

　　三、四兩句切入主旨,敘述者直接邀約男子登堂入室,大膽而露骨。直陳自己房間有舒適的大床「四跤眠床掛遮風」,在昔日的背景下可謂是豪華高雅的代稱了,你若不來是你笨、你沒福氣。話說到此已把民歌的直率表露無遺。

　　話再說回次句的地理位置,如果切合相褒兩人居住所在,那當然更顯褒者的技巧。或者,首句也是有意烘托情趣的比興用法,只不過我們所採錄到的相褒歌裡,唸誦者常常是單純唱誦所聽聞過的褒歌,而非第一手的即興之作;這是我們在聆賞時須要留意的地方。

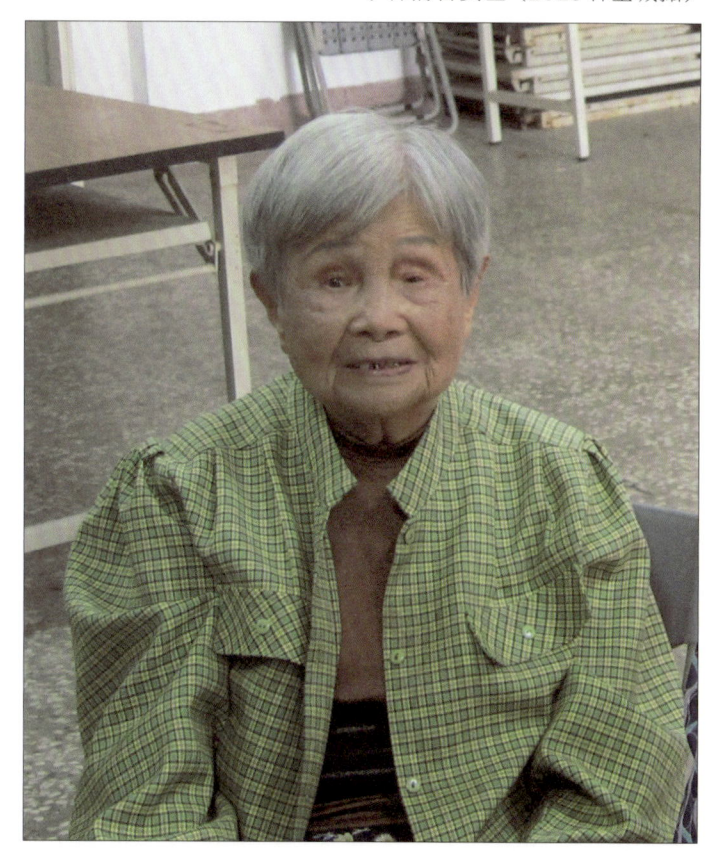

李林清香女士(2023 林金城攝)

55. 叫我唸歌我都袂

唸唱者：鄭美（女，81歲）
時間：2023.12.15
整理者：林金城

採錄者：林金城、郭秀芬
地點：萬里（大埔）
釋義、賞析：許亮昇

> Kiò guá liām-kua guá to bē
> 叫我唸歌我都袂
> Lāu-su teh kiò guá bô the
> 老師咧叫我無推
> Kua-si liām-liáu khah pháinn-sè
> 歌詩唸了較歹勢
> Ta̍k-ke beh tshiò guá tsi̍t-ê
> 逐家欲笑我一个

【注解】
- 都：又……，表示強調的語氣。
- 推：推辭。
- 歹勢：抱歉。

【釋義】
邀我唸歌我不行
老師在邀我難辭
歌詩唸罷見笑了
大家要笑我一人

【賞析】
　　所謂「酬唱」正是相褒的類型之一，舉凡自我介紹、邀約、相別或任何酬答感謝、怨懟鬱結無一不能褒而抒之。這首素樸的褒歌正表現歌者褒唱前的自謙與不揣淺陋。
　　歌詞先是說自己褒歌是不行的，但因為是老師的囑咐所以不便推辭。

唸唱得不好過意不去，讓大家見笑了。

雖然歌詞並沒有特殊之處，但很能反映出相褒的某些場域與情境。

鄭美女士與採錄者郭秀芬（2023 林金城攝）

56. 火車起行吱吱叫

唸唱者：鄭美（女，81歲）
時間：2023.12.15
整理者：林金城

採錄者：林金城、郭秀芬
地點：萬里（大埔）
釋義、賞析：許亮昇

> Hué-tshia khí-kiânn ki-ki-kiò
> 火車起行吱吱叫
> Tsa̍p-tiám gōo hun kàu Pang-kiô
> 十點五分到枋橋
> Pang-kiô tsa-bóo suí kah tshiò
> 枋橋查某媠佮笑
> Tún-lâi-ì bē bóo hōo niû tsio
> 轉來去賣某予娘招

【注解】
- 枋橋：今新北市板橋。
- 轉來去：回去。「去」的聲母脫落，只說 ì。
- 招：招贅。

【釋義】
火車起程吱吱叫
十點五分到板橋
板橋女子美又俏
回家賣妻入贅去

【賞析】
　　這首褒歌大家想必耳熟能詳。林裕福老師曾予譜曲，又經劉福助等人傳唱，以其旋律輕快、內容詼諧而大受歡迎，也常成為中小學合唱比賽的指定歌謠。

　　歌詞據說源於一名新莊男子調謔板橋藝旦的褒歌。而雖曰譜曲，也很

能看出曲調旋律與台語聲調之間的高度關聯性。

　　褒歌興句便以蒸氣火車起動時的吱吱鳴響帶起一股歡鬧的氣氛。火車是幾點到板橋的呢？其實一點也不重要，我們可以在很多地方看到不同的傳唸版本，這一點也是民間歌謠口傳文學的特色之一。例如大多歌謠裡末句都是唱「轉來去賣某（著）予伊招」，敘事對象是第三人稱，而本首褒歌結尾「予娘招」則是第二人稱，更合乎「相」褒的語境。

　　歌詞內容以今天的角度觀之當然是性別議題上的政治不正確，我們大可不必如此衛道，單純站在當時的時空背景即可。

　　「枋橋查某嬌佮笑」，簡單的語言就生動地表現出美目盼兮、巧笑倩兮的魅力。至於入贅美人家，恐怕也是剩一張嘴的男人一廂情願罷了。

57. 後溝一欉相思樹

唸唱者：鄭美（女，81歲）
時間：2024.1.16
整理者：林金城

採錄者：林金城、郭秀芬
地點：萬里（大埔）
釋義、賞析：許亮昇

Āu-kau tsi̍t tsâng siunn-si-tshiū
後溝一欉相思樹
Siunn-si pēnn lo̍h tit-liu-liu
相思病落直溜溜
Sian-sinn lâi khuànn kóng bô-kiù
先生來看講無救
Tah-sim--ê lâi khuànn hó-liu-liu
貼心的來看好溜溜

Āu-kau tsi̍t tsâng siunn-si-tsâng
後溝一欉相思欉
Siunn-si pēnn lo̍h tsa̍p-guā kang
相思病落十外工
Sian-sinn lâi khuànn kóng bô-bāng
先生來看講無望
Tah-sim--ê lâi khuànn hó-tin-tang
貼心的來看好叮噹

【注解】
- 先生：醫生。
- 貼心的：情投意合、知心的。指愛人或親密的人。

【釋義】
後溝一棵相思樹
相思病發人僵直

醫師來看說沒救
貼心的來完全好

後溝一棵相思栽
相思一病十多天
醫師來看說無望
貼心的來馬上好

【賞析】

　　相思樹遍植於台灣中北部一帶，明黃色的花序點綴其繁密的綠葉間煞是好看。又其材質堅硬，是很好的燒炭樹種。樹名相思，其雙關喻義不言而喻，因此也成了相褒歌裡最常出現的植物之一。

　　此處收錄的相褒一唱雙疊，兩段文字稍異，主題一致，也常在其他地方的採集褒歌中出現。

　　首句以相思樹起興，次句頂真說到相思病可是挺要命的，人消瘦骨嶙峋，便縱華陀、扁鵲妙手也藥石罔效，惟一解方就是心愛的人現身。

　　第二段的「相思病落十外工」，言下之意便是已經十多天不見所愛了。「一日不見，如三秋兮」，更何況是十幾天未見，其病相思的難熬可想而知。

　　褒歌三、四句則是典型的映襯手法，更憑添了詼諧的戲劇性效果。

　　本首褒歌以其形制簡單卻趣味橫生，難怪會成為深受歡迎而到處傳頌的唸謠。

58. 大樹大欉好蔭蔭

唸唱者：鄭美（女，81歲）
時間：2024.1.16
整理者：林金城

採錄者：林金城、郭秀芬
地點：萬里（大埔）
釋義、賞析：許亮昇

Tuā-tshiū tuā-tsâng hó ìm-ńg
大樹大欉好蔭蔭
Pâng-king tuā-kiànn hó se-tsng
房間大鏡好梳妝
Kun-á ài lâi bô ài tńg
君仔愛來無愛轉
Tshin-tshiūnn hôo-sîn tsiah tioh thng
親像胡蠅食著糖

【注解】
- 蔭蔭：遮蔭。
- 胡蠅：蒼蠅。

【釋義】
大樹茁壯好遮蔭
房間大鏡好梳妝
郎君愛來不欲歸
好似蒼蠅嚐到糖

【賞析】
　　本首褒歌最大的特色在於多處運用到類疊與譬喻，不僅節奏輕快，喻意明白朗暢，通篇呈現歡快的氣氛。
　　首句「大樹大欉」類疊，「蔭蔭」（ìm-ńg）則是一個動賓結構，和「食食」（tsiah-sit）一樣，次句再度出現疊字「大」，除了節奏複沓，也有借喻的作用，而且還將場景拉至房間裡，其暗示的效果十足。

下半段再次運用類疊之外，更有映襯的效果，「君仔愛來無愛轉」則可見甜頭盡嚐如蒼蠅食糖。

　　詩歌樂而不淫，這一首褒歌詮釋得可謂恰到好處。

前左起李林清香、鄭美、李許圍，後站立者為採錄者郭秀芬

（2023 林金城攝於萬里大埔）

59. 兩人相約甘蔗溝

唸唱者：張林阿玉（女，80歲）
時間：2024.1.16
整理者：林金城

採錄者：林金城、郭秀芬
地點：萬里（大埔）
釋義、賞析：許亮昇

> Nn̄g-lâng sio-iak kam-tsià-kau
> 兩人相約甘蔗溝
> Tsià-hio̍h phah-kat tsò hō-thâu
> 蔗葉拍結做號頭
> Sánn-lâng iáu-siū kā gún tháu
> 啥人夭壽共阮敨
> Hāi gún im-iân bô thàu-lâu
> 害阮姻緣無透流

【注解】
- 號頭：信號。
- 夭壽：短命、可惡。
- 敨：解開。
- 透流：從一而終、有始有終。

【釋義】
兩人相約甘蔗溝
蔗葉打結作記號
哪個渾蛋偷偷解
壞我姻緣事不成

【賞析】
　　褒歌裡關於約會的地點，相約的記號常常作為賦句直述，身兼「號頭」重任的蔗葉往往也暗示了約會的地點僻遠，避人耳目的用意不言而喻。甘蔗田以其僻遠遼闊又高過人身不易被人發現，便常常成了幽會的首選之地。

不知道是真有好事之徒刻意去壞人好事，或者搞不好是褒唱者自己搞錯了「號頭」所在之處？總之這首褒歌結局是好事不成，褒唱者只能徒呼負負，咒罵無良的破壞者「夭壽」。

　　同一主題、文句略似的褒歌散見於各處，可見其主題或是戲劇效果受到喜愛，至於是否真確反映昔日的民情風俗，恐怕再也無從稽考了。

張林阿玉女士（2023 林金城攝）

60. 含笑開花含露水

唸唱者：張林阿玉（女，80歲）
時間：2024.1.16
整理者：林金城

採錄者：林金城、郭秀芬
地點：萬里（大埔）
釋義、賞析：許亮昇

> Hâm-siàu khui-hue kâm lòo-tsuí
> 含笑開花含露水
> Tsuí-gím ê hue luān-luān khui
> 水錦的花亂亂開
> A-kun senn iân bián senn suí
> 阿君生緣免生媠
> Kńg-tang ê só kíng lâng khui
> 廣東的鎖揀人開

【注解】
- 含笑：木蘭科，烏心石屬，花香濃烈。
- 水錦：木槿，錦葵科木槿屬，開花植物。
- 鎖：音 só，與「嫂」諧音，即對唱的女方。

【釋義】
含笑花開含帶露
木槿花開亂紛紛
郎君有緣母須俊
廣東的鎖挑人開

【賞析】
　　此處褒歌比興起頭，讓含笑與木槿登場，含笑清香復含宿露，晶瑩溫潤，木槿色彩繽紛肆放，兩句洋溢著悅目賞心的歡愉氣息。
　　當「郎有情，妹有意」時，彼此情意投合的話，面容的俊俏好看與否倒是其次，「合緣」才是重點。末句「廣東的鎖揀人開」「鎖」字諧音雙

154

關「嫂」，亦即女子自陳，也暗喻心鎖只待能討其開心的人。
　　相褒傳情，這首褒歌可說是恰如其分地表現相褒藝術的精萃所在。

61. 芋葉滴水像真珠

唸唱者：張林阿玉（女，80歲）
時間：2024.1.16
整理者：林金城

採錄者：林金城、郭秀芬
地點：萬里（大埔）
釋義、賞析：許亮昇

Ōo-hio̍h tih-tsuí tshiūnn tsin-tsu
芋葉滴水像真珠
Tuā-tsûn ji̍p-káng puànn tiâm-phû
大船入港半沉浮
Pa̍t-lâng khuànn-bô guá khuànn-ū
別人看無我看有
Kánn-sī tsia̍h-to̍h niû ê hû
敢是食著娘的符

【注解】
- 真珠：珍珠。
- 符：指「符仔水」，這裡指道家和合術，謂喝下符籙水，就很聽話，百依百順。

【釋義】
芋葉滴水似珍珠
大船入港半沉浮
別人不懂我懂得
或恐吃了娘下符

【賞析】
　　「曲港跳魚、圓荷瀉露」這是古代文人筆下的「鏡頭」，清早翠碧的荷葉上滾動的露水珠圓剔透，饒有韻致。然而，就植物的特性而論，芋葉上的滴露原理相同，又是鄉間更為常見的畫面，自然容成了褒歌的興句。
　　第二句寫的是大船入港吃水較深，有別於一般的舢舨漁舟，所以說它

156

「半沉浮」，寫景重點應該只是起了協韻的作用。當然若說船身沉浮隱喻事態的曖昧不清，作為三、四兩句主題的鋪陳也未嘗不可。

　　褒歌抽離了當下情境的脈絡，有時很難精準去詮釋歌詞的深意，只能大概揣測文本的旨意。這裡應該是相褒的對手遇有某些不好的事況，褒者斷定對方是受到女人的慾愚而沖昏了頭，才會說別人搞不清楚狀況，只有自己了然於胸，直言對方「敢是食著娘的符」？

62. 韭菜開花直溜溜

唸唱者：張林阿玉（女，80歲）
時間：2024.1.16
整理者：林金城

採錄者：林金城、郭秀芬
地點：萬里（大埔）
釋義、賞析：許亮昇

> Kú-tshài khui-hue tit-liu-liu
> 韭菜開花直溜溜
> Khîn-tshài khui-hue kiat kui khiû
> 芹菜開花結規毬
> Kè-tio̍h pháinn-ang sí bô-kiù
> 嫁著歹翁死無救
> Tshin-tshiūnn pún-tann siang-thâu liu
> 親像扁擔雙頭溜

【注解】
- 結規毬：糾成一團。
- 扁擔雙頭溜：兩頭落空。

【釋義】
韭菜開花直挺挺
芹菜開花結成團
所嫁非人無藥救
有如扁擔雙頭空

【賞析】
　　韭菜和芹菜都是餐桌上常見的菜肴，既能單獨入菜，也可以做為香辛料佐味。不管接不接受、喜不喜歡它們獨特的刺激味道，至少大家對這兩種菜都不陌生，但話說回來，現代人見過它們開花的模樣可就少了。其實兩者都是繖形花序，韭菜花莖直挺，顏色翠碧，映襯下莖末的細白花繖玲瓏可愛；芹菜則是複繖形花序，略成球狀，點綴在淡黃綠色的花莖上模樣

清麗。

　　這種以芹菜和韭菜開花兩者映襯做為起首的這兩句，在褒歌裡到處可見，與主題未必有關，但有一種熟悉的鄉土風味。

　　這首褒歌的主題相當清楚，就像所謂的「男怕入錯行，女怕嫁錯郎」，褒歌這裡說的就是所嫁非人就無藥可救了。「扁擔雙頭溜」一句俗語做譬喻，道破了昔日的社會觀念婚姻制度下「嫁錯郎」卻無可奈何的困迫。

63. 水錦開花白猜猜

唸唱者：李許圍（女，87歲）
時間：2024.1.16
整理者：林金城

採錄者：林金城、郭秀芬
地點：萬里（大埔）
釋義、賞析：許亮昇

Tsuí-gím khui-hue pe̍h-tshai-tshai
水錦開花白猜猜
Nâ-tâu kiat-tsí sîng ông-lâi
林投結子成王梨
Nā-beh sio-po bîn-á-tsài
若欲相褒明仔載
Tńg--khì mn̄g bóo tsiah-koh lâi
轉去問某才閣來

【注解】
- 水錦：木槿，錦葵科木槿屬，開花植物。
- 王梨：鳳梨。
- 明仔載：音 hân-á-tsài，明天。

【釋義】
木槿開花白燦燦
林投結子像鳳梨
如要相褒待明天
回家問妻才再來

【賞析】
　　相褒、相褒，顧名思義「相褒」就是要你來我往，或脣槍舌戰或互通款曲才更有意思。這首褒歌其實就是以褒唱的形勢婉拒對方的相褒邀約。
　　褒歌第三句很明顯是回應對方提出的相褒邀請，或許真的是當下不方便，不過更可能是不敢或不想當面迎戰，才會搬出「明天」當成緩兵之計，

還把老婆大人請出來當擋箭牌,先回去請示老婆,若老婆同意的話明天就來相褒吧!這一類回應相褒邀約的褒歌不少,從中也能看出昔日相褒的景況之一斑。

　　林投果實貌似鳳梨,果實成熟時色彩對比鮮明,洋溢出濃濃的南國風情。木槿花色繁多,其中白花雅緻繽紛,點染成鄉間的清麗景致。兩句作為褒歌起興的套句相當常見,可見這兩句歌謠也受到褒者普遍的歡迎。

李許圍女士(2024 林金城攝)

64. 紅柿好食著控蒂

唸唱者：李許圍（女，87歲）
時間：2024.1.16
整理者：林金城

採錄者：林金城、郭秀芬
地點：萬里（大埔）
釋義、賞析：許亮昇

Âng-khī hó-tsiáh tióh khàng-tì
紅柿好食著控蒂
Pang-kiô huat-luān phoo thih-ki
枋橋發亂鋪鐵枝
A-niû-á m̄ sī hiann hué-kì
阿娘仔毋是兄夥計
Guā-lâng beh kóng suî-tsāi lí
外人欲講隨在你

Âng-khī hó-tsiáh phuê kôo-kôo
紅柿好食皮糊糊
Pang-kiô huat-luān phoo tsióh-lōo
枋橋發亂鋪石路
A-niû-á m̄ sī hiann ê bóo
阿娘仔毋是兄的某
Sī lín guā-lâng gâu tshing-hoo
是恁外人勢稱呼

【注解】
- 控蒂：摘掉蒂頭。
- 枋橋：今新北市板橋。
- 夥計：姘婦。

【釋義】

紅柿好吃須摘蒂
板橋發亂鋪鐵軌
姑娘不是君情婦
他人要說隨他去

紅柿好吃皮黏糊
板橋發亂鋪石路
姑娘不是君太座
是他外人善稱呼

【賞析】

　　這裡採錄的褒歌一唱再疊，兩段句式主題一致，不妨視作同一首褒歌的兩段章節。

　　首句以紅柿當主角，分別寫紅柿果蒂顆大、皮肉相黏糊爛的特色，與第二句僅存在韻腳的協韻，意義上則毫無關聯，更與褒歌主題無涉。第二句聚焦板橋，板橋位處新店溪與大漢溪交會沉積的地方，清治時期已是重要的商業聚集之處，從林本源園邸便可見其地繁盛之一斑。所以第二句說板橋「發亂」鋪石路、鋪鐵枝，即事生句，增加褒歌的豐富性。此處「發亂」意思不明，同一首褒歌石門有採錄過詞作「內面」的版本。

　　上、下兩段褒歌的三、四兩句句式相仿，乍見意思一樣，仔細尋繹才能覷見其中深意。上段第三句「阿娘毋是兄夥計」否認自己小三的身分，而且不畏流言，反映出褒唱者剛硬的性格。下段直陳兩人並非夫妻，也許是走得太近，令外人誤以為是「正宮」或刻意奉承以嫂夫人相稱。於此，褒歌唱者不僅不以為忤，反倒有幾分欣然接受的況味，所以才說「是恁外人勢稱呼」，言下似乎透露了幾分女子真正的心思。

65. 紅菜煮湯紅熻熻

唸唱者：李許圍（女，87歲）　　　　　採錄者：林金城、郭秀芬
時間：2024.1.16　　　　　　　　　　　地點：萬里（大埔）
整理者：林金城　　　　　　　　　　　釋義、賞析：許亮昇

> Âng-tshài tsí-thng âng-ho-ho
> 紅菜煮湯紅熻熻
> Pē-bú phah kiánn uī-tio̍h ko
> 爸母拍囝為著哥
> Hin-khu oo-tshenn-kik-hueh iá-buē hó
> 身軀烏青激血猶未好
> Huan-hù ài-jîn-á lâi thit-thô
> 吩咐愛人仔來𨑨迌

【注解】
- 紅菜：紅鳳菜。
- 身軀：音 hin-khu，身體。
- 烏青激血：淤血。
- 𨑨迌：遊玩。

【釋義】
紅菜煮湯紅通通
爹娘訓我因為你
身上淤青凝血猶未好
吩咐愛人來戲耍

【賞析】
　　俗話說：「愛著較慘死。」情為何物？問遍世間怕也有答案萬千。
　　這首褒歌除了為首的興句，接下來就是用映襯的手法鋪陳主角為了愛不惜忤逆父母，也得不到「為了愛，痛一身」的教訓。大膽求愛的行徑在

父母眼中應該是百般無奈，在讀者或是聽眾看來則充滿了喜劇般的效果。

　　首句起興看似平常，以紅菜入句，實則以紅菜煮湯滿鍋通紅的家常實景來映襯「爸母拍囝」的慘烈。褒者（也許就是父母的角色）不忘補充說會忍心下「毒手」（更正，重手。）也是為了你好。殊不料身上的累累傷痕猶在，淤青凝血未消，這個女主角已經按捺不住，忙不迭「吩咐」所歡來家裡「迌迌」了。

　　這首褒歌立意新巧不入窠臼，兼用正襯與對比的反襯讓褒歌的敘事呈現十足的張力，令人莞爾乃至啞然失笑之外，褒者的功力也不容小覷，允為褒歌裡眾多的佳作之一。

66. 紅柑好食著擘瓣

唸唱者：李許圍（女，87歲）
時間：2024.1.16
整理者：林金城

採錄者：林金城、郭秀芬
地點：萬里（大埔）
釋義、賞析：許亮昇

Âng-kam hó-tsiáh tiòh peh-pān
紅柑好食著擘瓣
Tsuí-tshia tshia tsuí beh im-tshân
水車車水欲淹田
Khan-sîng guá kiánn nā tuā-hàn
牽成我囝若大漢
A-kun-á beh tńg iá-buē bān
阿君仔欲轉猶未慢

【注解】
- 擘：剝開。
- 大漢：長大。
- 牽成：扶植、栽培。

【釋義】
紅柑好吃得剝瓣
水車汲水來淹田
拉拔我兒待成年
郎君欲歸猶未晚

【賞析】
　　往昔的農村社會為了生存生活生計，有許多風俗習慣迥異於今日，以今日觀之匪夷所思的情況也不少見，就中招贅的習俗就是其一。這首褒歌敘事背景似乎就是招贅的婚姻關係。
　　褒歌的敘述者是個女子，強調「我囝」意味孩子（們？）應該不是對

方的血親,「牽成」兩字也旁證這一點論斷。似乎是招贅(或所謂的「半招娶」)的男子有意離去,褒唱女子動之以情,以自己的孩子年紀尚小,家裡猶須有個男人幫忙,委婉地懇求對方留下。

　　首句「紅柑好食著擘瓣」是常見的起興句式,不勞多說。「水車車水欲淹田」除了有回文的修辭效果外也不算特別,但卻能把畫面導引至農村農事的景致。昔日農業對勞力的需求正是風俗習慣形成的背景,姑且不論男女間的情感糾葛,生產所須的勞力就是現實的考慮。這首褒歌的價值正在能反映時代的背景文化,讓我們見識到社會歷史的某些風貌。

67. 號頭在約竹林底

唸唱者：李許圍（女，87歲）　　　採錄者：林金城、郭秀芬
時間：2024.1.16　　　　　　　　　地點：萬里（大埔）
整理者：林金城　　　　　　　　　釋義、賞析：許亮昇

Hō-thâu tsāi iak tik-nâ-té
號頭在約竹林底
Muâ-ang-phiàn-sài khioh tik-se
瞞翁騙婿抾竹梳
Mñg lí tik-se-á khioh guā-tsē
問你竹梳仔抾偌濟
Iáu-siū tik-nâ-á bô tik-se
夭壽竹林仔無竹梳

Hō-thâu tsāi iak tuā-khe-té
號頭在約大溪底
Muâ-ang-phiàn-sài khioh khóo-lê
瞞翁騙婿抾苦螺
Muī lí khóo-lê-á khioh guā-tsē
問你苦螺仔抾偌濟
Iáu-siū khe-té bô khóo-lê
夭壽溪底無苦螺

【注解】
- 號頭：信號、暗號。
- 抾：撿拾。
- 竹梳：竹枝。
- 偌濟：多少。
- 夭壽：可惡。

【釋義】
暗號約在竹林裡
瞞騙丈夫撿竹枝
問說竹枝撿多少
可惱竹林無竹枝

暗號約在大溪畔
瞞騙丈夫撿苦螺
問說苦螺撿幾多
可恨溪床無苦螺

【賞析】
　　兩段褒歌句式相仿，主題無二，一唱再疊，可一併論之。敘事題材又是關乎「幽會」，此一主題頻繁出現在褒歌中，究竟反映出多少昔日社會的真實風貌著實令人好奇，只是事涉範圍寬泛，不妨留待他日眾人爬梳。

　　言歸正傳，這回幽會的「號頭」約在竹林在溪床，竹林不是挖竹筍便是撿竹枝回來添柴薪，而溪畔撈捕魚蝦之外撿拾螺類算是最不費功夫的差事了，拿這些要幫忙家計又貼合行方的理由當外出幽會的藉口真是再恰當不過了。只不過幽會貪歡，顧不得啥「正事」也沒辦，返家後面對丈夫的質問，只好連「竹林無竹梳、溪底無苦螺」這種鬼都不信的「鬼話」都說出口了。「夭壽」兩字更加添當下畫面的戲劇效果。

　　褒歌不待訴說先生聽聞後的反應，聽眾約莫已然樂不可支。這裡唱者理非自述，而是消遣某些女子討「契兄」的荒謬情境，「謔而不虐」一詞在這裡作了很妥洽的詮釋。

68. 號頭約在竹篙頂

唸唱者：江清琴（女，89歲）
時間：2023.9.23
整理者：林金城

採錄者：許亮昇、林金城、郭秀芬
地點：石門（石門里）
釋義、賞析：許亮昇

Hō-thâu iak tsāi tik-ko-tíng
號頭約在竹篙頂
Tik-ko nê sann tian-tò-pîng
竹篙晾衫顛倒片
Gín-á-tuā-sè khùn tiām-tsīng
囡仔大細睏恬靜
Khan hiann gê tshiú ji̍p pâng-king
牽兄的手入房間

Hō-thâu iak tsāi thang-á-kha
號頭約在窗仔跤
Thang-á tuì khì tsi̍t tsâng tshâ
窗仔對去一欉柴
Gín-á-tuā-sè nā tsia̍h-pá
囡仔大細若食飽
Khan hiann gê tshiú ji̍p tsàu-kha
牽兄的手入灶跤

【注解】
- 竹篙：竹竿。用竹的莖幹做成的竿子。。
- 晾：音 nê，把東西吊掛起來曝晒，或置於通風處使其乾燥。
- 顛倒：上下前後次序倒置。
- 囡仔大細：大人小孩。
- 柴：泛指樹木、木頭、木材。

【釋義】
記號打在竹竿上
竹竿晾衣翻反面
大小孩子睡沉靜
執子之手入房間

記號打在窗台下
窗門對向一棵樹
大小孩子如吃飽
執子之手入廚房

【賞析】
　　「幽會」自古以來就充滿了某種挑戰禁忌所帶來的刺激性，也是抒寫男女情愛中不可或缺的橋段。可是，並非每一個故事都能有「人約黃昏後，月上柳梢頭」般的浪漫，在直樸或鄙野的民間，游移在道德邊界的「幽會」便成了褒歌裡常見的主題。

　　這裡所收錄的兩首褒歌主題相似、結構略同，可綜述之。既然是「幽會」，那當然不能堂而皇之的「登堂入室」，避人耳目是最重要的，而首要之處便是藉由「暗號」來暗通曲款。於是「號頭約在」便成了這一類褒歌最常見的起手句式。此處分別是「竹篙頂」、「窗仔跤」上下相對成趣，次句進一步精確道出記號的內容，傳遞出方便相會的時機。有別於相會的場所，這裡直接就是引君入「室」，這種異常的「大膽」恐怕只是相褒時的誇張語言而非反映現實的場景。

　　別於一般同類型褒歌要嘛「號頭」被人蓄意破壞或叮囑情人戒慎小心以免誤了好事，這兩首褒歌顯得輕鬆了些，彷彿家裡只剩下幾個小孩，待他們餵飽睡熟，好戲便要上場。說是好戲上場，卻也不外乎「飲食男女，人之大欲存焉」。

　　最後一句「牽君的手入灶跤」，是打算先餵飽情郎嗎？想起來倒也讓人發噱。

　　順帶一提的是相較於這裡收錄的兩首褒歌，我們可以先對比看看《詩經·國風》裡所謂一疊三唱的〈桃夭〉、〈蒹葭〉，雖然也是主題一致，形制相似，但各章節段落間明顯有著時序的迭遞漸進或空間場景的變化，整體而言結構嚴謹，側面尋繹應該是經過「文人」專業的潤飾。在評價兩者的

文學性上不能忽略二者間的差異，才不會失之公允而妄議褒歌鄙俗。

汐止社大「萬金石褒歌（民間文學）」課的師生拜訪江清琴女士（2023 林金城攝）

69. 第一歹命就是娘

唸唱者：江清琴（女，89歲）
時間：2023.10.28
整理者：林金城

採錄者：汐止社大相褒歌班
地點：石門（石門里）
釋義、賞析：許亮昇

Tē-it phái-miā tiō sī niû
第一歹命就是娘
Gîn-phiò m̄ bat khuànn puànn tiunn
銀票毋捌看半張
Gōo-khoo m̄ tsai senn tsuánn-iūnn
五箍毋知生怎樣
Tsa̍p-khoo--ê m̄ tsai guā tuā-tiunn
十箍的毋知偌大張

【注解】
- 銀票：鈔票、紙幣。
- 毋捌：不曾。
- 箍：元、塊錢。計算金錢的單位。

【釋義】
第一歹命本姑娘
鈔票不曾見半張
五元不知長怎樣
十元不知多大張

【賞析】
　　本首褒歌亦見於2016年林金城郭秀芬採集，收入於2021年汐止昊天嶺文史工作室出版的《石碇相褒歌》中，惟文字略有差異。該首褒歌是「十箍毋知生怎樣？五箍毋知偌大張」，可見在褒歌傳唱中韻腳的部分比較不容易變動，至於五元（鈔票）十元的先後以及技巧上的差異，一般的

歌者是不太會介意的。

　　本首褒歌主題自然是歌者怨嘆自己命運多舛，連鈔票都沒見過。人家說「毋捌食過豬肉嘛看過豬行路」，沒見過鈔票當然是可能的，但誇飾的成分還是大一些。透過一連串的數詞「第一」、「半張」、「十箍」、「五箍」，讓褒歌呈現出輕快而詼諧的調性，映襯首句的命題「第一歹命就是娘」反倒令人忍俊不住，有一種屬於草根性獨有的幽默感。

汐止社大「萬金石褒歌（民間文學）」課師生拜訪、採錄江清琴女士（2023 郭秀芬攝）

70. 阿兄生媠十八歲

唸唱者：江清琴（女，89歲）
時間：2023.10.28
整理者：林金城

採錄者：汐止社大相褒歌班
地點：石門（石門里）
釋義、賞析：許亮昇

A-hiann senn-suí tsa̍p-peh huè
阿兄生媠十八歲
Khah suí kiann-siânn bóo-tan-hue
較媠京城牡丹花
Niû-á senn-bái m̄ kánn phuè
娘仔生穤毋敢配
Tshiū-tîn m̄ kánn phua̍h kuì-hue
樹藤毋敢袚桂花

A-hiann senn-suí jī-it jī
阿兄生媠二一二
Khah suí kiann-siânn bóo-tan-ki
較媠京城牡丹枝
Guá-niû senn-bái m̄ kánn pí
我娘生穤毋敢比
Tshiū-tîn m̄ kánn phua̍h kuì-ki
樹藤毋敢袚桂枝

【注解】
- 媠：漂亮的、美麗的。
- 穤：醜陋。
- 毋敢：不敢。
- 袚：披、掛、勾搭、攀附。

【釋義】
郎君俊俏十七八
賽過京城牡丹花
小妹貌寢未敢攀
樹藤豈敢附桂花

郎君俊俏廿一二
賽過京城牡丹花
小妹貌寢未敢依
樹藤豈敢攀桂枝

【賞析】
　　本章收錄了兩首略同的褒歌，可以視作是同首褒歌的微調。女子以男子年輕又長得俊俏，貶抑自己其貌不揚，斷然不敢攀附，委婉地拒絕了男子的追求。

　　「京城牡丹花」的高貴雍容意象顯然深植人心，然而，真正上京見過牡丹花的人恐怕有如鳳毛麟角。

　　這首褒歌亦屢見於他處收錄的褒歌。值得一提的是這一類褒歌都以女子的敘事角度委婉地拒絕男子的追求，這一點符合「男追女，隔重山；女追男，隔層紗」的俗諺。再者，第三句不外乎阿娘生穤「毋敢配」、「毋敢比」、「配袂過」、「配袂起」之類的套路，倒是末句仍有很多個人的創作空間，例如《三峽相褒歌》（林金城、許亮昇編著，昊天嶺文史工作室，2022年）裡就有用「親像犀牛咧望月」或「親像山貓望海魚」這樣的譬喻，來表達「高嶺之花」可望而不可及的痴心妄想。

71. 天頂落雨粒粒墜

唸唱者：江清琴（女，89歲）
時間：2023.10.28
整理者：林金城

採錄者：汐止社大相褒歌班
地點：石門（石門里）
釋義、賞析：許亮昇

Thinn-tíng lȯh-hōo lȧp-lȧp-luī
天頂落雨粒粒墜
Tīng-bí pȧk tsàng bē tsò-tui
有米縛粽袂做堆
Im-iân nā hȧh m̄-bián suí
姻緣若合毋免媠
Peh-jī nā hȧh pun bē khui
八字若合分袂開

【注解】
- 有米：在來米，其中硬秈米的直鏈澱粉含量高，結晶度也高，有較佳的透明性，不過較沒有黏性，適合製作為碗粿、蘿蔔糕等食物。包粽子的為支鏈澱粉含量高的糯米，較有黏性。
- 縛粽：包粽子。
- 媠：漂亮的、美麗的。
- 八字：命相學家用人出生的年、月、日、時，以天干、地支配合成八個字，來推斷一生的命運。

【釋義】
天空雨滴顆顆墜
秈米綁粽未成堆
姻緣若合無須美
八字若合分不開

【賞析】

　　下雨對台灣人而言，當然是再平常不過的天氣形態之一，於是以「天頂落雨」起興的句子便成了流行的褒歌句式。這些褒歌的韻腳取決於首句末字，然後湊句成天頂落雨粒粒「墜」，再固定搭配次句有米縛粽袂「做堆」、「好食」之類來協韻。

　　從雨滴的「粒粒」，很容易就聯想到「粒粒皆辛苦」的盤中飧。「縛粽」當然是用糯米才「速配」，秈米缺乏黏性，不易成形。雙關「做堆」與否，更成了切入主題的好方法。

　　這邊主題是婚姻成否關鍵在能不能「合緣」，長相的美醜還在其次，而「合緣」與否前提則是生辰八字的相配。這種命定論當然是傳統的民俗信仰，現在的青年男女若看到這首褒歌，恐怕很難不對這樣的思想嗤之以鼻吧？

72. 鱸鰻柴耙相褒

唸唱者：江清琴（女，89歲）
時間：2023.10.28
整理者：林金城

採錄者：汐止社大相褒歌班
地點：石門（石門里）
釋義、賞析：許亮昇

Tsiah kú bô khuànn guá lôo-muâ
女：遮久無看我鱸鰻
Kánn-sī lôo-muâ suan tsiūnn suann
敢是鱸鰻旋上山
Sann nî bô tsuí khó-tuā-uānn
三年無水洘大旱
Suann-tíng bueh phak lí tsit-ê lôo-muâ-kuann
山頂欲曝你這個鱸鰻乾

Tsiah kú bô khuànn guá tshâ-pê
男：遮久無看我柴耙
Kánn-sī tshâ-pê puah-loh khe
敢是柴耙跋落溪
Pī-pān sam-sing kah tsiú-lé
備辦三牲佮酒醴
Lâi-khì khe-té tsè tshâ-pê
來去溪底祭柴耙

【注解】
- 遮：這麼。
- 鱸鰻：鰻魚。因音近常比喻流氓。對男人的蔑稱。
- 敢是：音 kánn-sī，也許是。表臆測的語氣。
- 旋：反轉回繞，也引申為逃跑，即溜。
- 洘大旱：大旱災。
- 曝：晒。

- 柴耙：用來耙物的器具。比喻女人很兇。醜稱自己的妻子。
- 跋：跌倒。
- 酒醴：祭祀的貢品。

【釋義】
女：恁久未見家鱸鰻
許是鱸鰻溜上山
三年缺水大旱災
山頂會曬死你個鱸鰻乾

男：恁久未見黃臉婆
許是老婆跌落溪
備辦三牲和酒醴
來去溪畔祭柴耙

【賞析】
　　這兩首褒歌可謂典型褒歌的互褒形式之一，兩人針鋒相對，藉由唸唱來譏諷或鄙薄甚至詈斥對方。由於透過歌謠的旋律，經常呈現謔而不虐的氛圍，較諸口語的戾氣傷人顯得溫婉多了。
　　敘述者以女子角色率先發難，以鱸鰻譬況男子，其實說白了就是口語裡吵架時詛咒對方「去死吧」、「下地獄」之類的。看得出兩人大概是久未見面而讓女人心生憤懣。
　　回褒的男子自然不甘示弱，立刻反脣相譏。以相似的表現手法來回懟，似乎是最容易也最常見的形式。用溪底來映襯山頂，用反詰的疑問手法來對比直接的咒讖，則展現出了男子優異的褒歌技巧。
　　再者，宜留意的地方是兩首褒歌互以「我（的）某某」來稱呼彼此，當然也可能是夫婦間的相褒調笑，或者只是熟識男女間一種親膩的稱謂，未必是真的結髮夫婦。

73. 兩枝竹仔平平懸

唸唱者：江清琴（女，89歲）
時間：2023.10.28
整理者：林金城

採錄者：汐止社大相褒歌班
地點：石門（石門里）
釋義、賞析：許亮昇

> Nñg ki tik-á pênn-pênn kuân
> 兩枝竹仔平平懸
> Tsit ki tshú tit tsit ki uan
> 一枝取直一枝彎
> Nñg gê a-hiann pênn hó-khuán
> 兩个阿兄平好款
> Kuínn-tang ba̍k-kiànn tsāi-lâng tshuân
> 廣東目鏡在人攢

【注解】
- 平平：一樣。
- 好款：脾氣好、教養好。
- 目鏡：眼鏡。
- 攢：張羅、準備。

【釋義】
兩枝竹子一般高
一枝取直一枝彎
兩個阿兄皆好樣
廣東眼鏡隨人備

【賞析】
　　「兩枝竹仔平平懸，一枝取直一枝彎」是褒歌中常見的固定套句，一來是因為語言簡單淺白容易記憶，加上類疊的效果讓句子節奏輕快之外，兩句裡先是說兩枝竹子「平平懸」，有一種難分軒輊的評價，再說「一枝

取直一枝彎」則表示各有不同的特色，這也很好地為主題作出鋪墊，運用了借喻的手法。

「兩个阿兄平好款」好款直翻就是「好樣的」，可以說是長得好，體態偉岸人模人樣，也可以指作人作事上「性行淑均」無可挑剔。那接下來的問題就是選擇和取捨上的兩難了。

褒歌這裡用「廣東目鏡在人攢」回答了這問題，這句式和寓意類似也常見於其他褒歌中的是「廣東的鎖揀人開」，這些句子反映了當時來自廣東的新奇貨物想必相當受人歡迎吧！句子裡提到的「鎖」和「目鏡」有一個共通點，那就是都得「合得來」才搭配，言下之意應當是撇開外在條件，彼此情投意合最重要，簡單來說就是要「合緣」。

這樣的褒歌也適合用在對追求者的回應，算是溫柔婉約的一種詮釋呢！

74. 講甲歹命喉就滇

唸唱者：江清琴（女，89歲）
時間：2023.10.28
整理者：林金城

採錄者：汐止社大相褒歌班
地點：石門（石門里）
釋義、賞析：許亮昇

Kóng kah phái-miā âu tiō tīnn
講甲歹命喉就滇
Kah lâng hi-hua sī bueh-nî
佮人虛華是欲呢
Tshun-thinn iā tio̍h bán tê-ínn
春天也著挽茶穎
Tang-thinn iā tio̍h khioh han-tsî-tshinn
冬天也著抾番薯青

Hiann-á sing hiau bô-iàu-kín
兄仔先僥無要緊
Han-tsî ke tsìng gōo-tshing tîn
番薯加種五千藤
Thâu-senn-á lâi tshī khah tuā-tīn
頭牲仔來飼較大陣
Guá-niû kan-khóo mā ē tshut-sin
我娘艱苦嘛會出身

【注解】
- 滇：滿。喉滇:哽咽。
- 虛華：虛浮而不切實際。
- 欲呢：幹嘛、做什麼。帶有疑問的口氣。
- 穎：嫩葉。
- 抾番薯青：舊曆八、九月過後，撿拾農家收成過棄置的小或損醜番薯回家飼養牲口，所以叫「下冬天抾番薯青仔」，指生活困苦。

- 僥：背約、毀約。
- 頭牲仔：家中豢養的家禽或家畜。
- 出身：立足。

【釋義】
說起命舛先哽咽
同人虛華要幹嘛
春天也得採茶穎
冬天還得揀地瓜

郎君負心無所謂
地瓜多種五千藤
禽畜來養更大群
艱苦有朝出頭天

【賞析】
　　膾炙人口的台語老歌〈鑼聲若響〉歌詞第二段裡，以即將搭船遠離的敘事者（男子）望著在港邊相送的心愛女子唱出「有話欲講趁這時，較輸欲講喉先滇」，搭配許石獨特的嗓腔，其哽咽之情狀油然而生。
　　這裡褒歌便是用「喉滇」此一台語獨有的詞彙入句起頭，女子的「歹命」也就不言而喻了。可是具體命運如何乖舛卻是不得而知，只能從上下兩首看出主題與男女的情感糾葛有關，前面說「佮人虛華是欲呢」後面寫「兄仔先僥無要緊」，似乎暗示相與之人虛浮無實又對感情不堅貞。
　　歌詞較正向的意義在於女子不是一味地自怨自艾，而是不向命運低頭，從首段「春天也著挽茶穎，冬天也著抾番薯青」怨嘆終年困頓勞苦，到後段的「番薯加種五千藤，頭牲仔來飼較大陣」，展現了堅毅不撓、努力拚搏的硬頸精神，而「我娘艱苦嘛會出身」更是擲地有聲，讓人動容。
　　話說回頭歌謠畢竟是歌謠，有時誇飾無傷大雅。否則究真在原本就繁重的勞務下又要多養牲畜又要「番薯加種五千藤」，恐怕是痴人說夢。不妨便視作是「會須一飲三百杯」的豪情就好了。

75. 我娘在蹛咧平洋

唸唱者：江清琴（女，89歲）
時間：2023.10.28
整理者：林金城

採錄者：汐止社大相褒歌班
地點：石門（石門里）
釋義、賞析：許亮昇

Guá-niû tsāi tuà tih pênn-iûnn
我娘在蹛咧平洋
Tshù-tsîng āu-piah ū poo-kiunn
厝前後壁有埔姜
A-hiann sim-kuann nā ū siūnn
阿兄心肝若有想
Sam-sî-gōo-tiâu lâi thàm niû
三時五朝來探娘

Guá-niû tsāi tuà tih lōo-ē
我娘在蹛咧路下
Lōo-ē gê tshù niû khiā-ke
路下的厝娘徛家
A-hiann king-kuè lip-lâi tsē
阿兄經過入來坐
Guán tau bô hun mā ū tê
阮兜無薰嘛有茶

Guá-niû tsāi tuà tih khe-āu
我娘在蹛咧溪後
Tshù-tsîng āu-piah ū nâ-tâu
厝前後壁有林投
Bô hiâm tsháu-tshù kiam hōo-lāu
無嫌草厝兼雨漏
Tuì tsia king-kuè lâi guán tau
對遮經過來阮兜

【注解】
- 在蹛：住在。
- 平洋：平原、平地。平坦廣闊的原野。
- 埔姜：蔓荊。植物名。全株布滿灰白色柔毛，揉汁會散發濃厚芳香。花形如脣，為深藍色或紫色。因生長遍及海濱沙地，故也稱為「海埔姜」。
- 三時五朝：偶爾，不是常有的。
- 徛家：住家。
- 薰：香菸。用薄紙捲細菸草做成的紙菸。
- 對：從、向（某方向）。
- 遮：這裡。

【釋義】
妾家住在平野上
住屋前後遍蔓荊
郎君心裡如有思
三不五時來探看

妾家住在路尾端
路尾屋子妾住處
郎君經過進來坐
咱家無菸也有茶

妾家住在清溪後
住屋前後有林投
不嫌草屋兼雨漏
打這兒經過來家坐

【賞析】
　　「君家何處住？妾住在橫塘」，唐代名詩人崔顥的〈長干行〉裡寫少女邂逅相遇，以及「停船暫借問」的天真浪漫，頗為傳唱。這首詩雖然是文人之作，本質上便帶有濃厚的樂府詩民間文學色彩。
　　上面這首褒歌雖然主題不同，但其語言的表現手法卻是十分相似的。褒唱的敘事者明顯心儀對方，情不自禁邀約男子有空來家裡作客，語言樸

實又不失粗鄙，真切地表現女子的情意。

褒歌一唱三疊，主題一致，語言卻簡白流暢而有變化，不會給人重複拖沓的感覺。每一章褒歌首句歌詞都是以「我娘在蹛咧」加上所在的地方開始，次句寫家屋前後的景觀或植被之類，算是一種「導航定位」。定位住家的用意不言可喻，就是相約作客家中，就中的深意盡在不言中。

首章的「阿兄心肝若有想，三時五朝來探娘」，雖然心跡表露無遺却不覺得露骨，用語上則自然質樸，情味濃厚雋永。「三時五朝」一語較少聽到，意味著「偶爾」，其中不奢求「常來」而言偶爾，這是一種含蓄。

次章「阿兄經過入來坐」，不奢求「專程」，同樣是一種含蓄。「阮兜無薰嘛有茶」則是種蘊藉的盛情，絲毫沒有矯情的造作。

終章「無嫌草厝兼雨漏」當然也是一般的謙遜語，不論其家屋境況如何，「無嫌」兩字多少都表現出邀約者的情意。末句再次強調「對遮經過來阮兜」，再次叮嚀無非反映女子心思的真切。

三章讀竟，俻覺民歌耐人尋味，餘韻深長。

許亮昇、林金城採錄江清琴女士（2023 郭秀芬攝）

萬金石相褒歌

主編：林金城
編著：林金城、許亮昇
編輯委員：鄭維棕、林金城、許亮昇、郭秀芬
採錄者：鄭維棕、朱金城、林金城、郭秀芬、許亮昇、林麗美、陳秀媛、何錦莊、朱建財、
　　　　金海雲、許慧盈、吳栴褆
影片剪輯、上傳 YouTube：林金城、林晉寬
審查：曾子良
校對：廖淑鳳、郭秀芬、許亮昇、林金城

總編輯：廖之韻
創意總監：劉定綱
執行編輯：錢怡廷
美術設計：王孟璇

出版：奇異果文創事業有限公司
電話：（02）23684068
傳真：（02）23685303
網址：https://www.facebook.com/kiwifruitstudio
電子信箱：yunkiwi23@gmail.com

初版：2024 年 9 月 20 日
ISBN：978-626-98827-3-1
定價：新台幣 420 元

贊助單位：文化部（文化部國家語言整體發展方案支持）
主辦單位：昊天嶺文史工作室
協辦單位：汐止社區大學、立法委員賴品妤國會辦公室

版權所有　‧　翻印必究

Printed in Taiwan

國家圖書館出版品預行編目 (CIP) 資料

萬金石相褒歌 / 林金城主編 . -- 初版 . -- 臺北市 :
奇異果文創事業有限公司 , 2024.09
　面；　公分
ISBN 978-626-98827-3-1(平裝)

1.CST: 民謠 2.CST: 新北市萬里區 3. 新北市金山區 4. 新北市石門區

530.133/103　　　　　　　　113000346